Annerose und Jörg-Rüdiger Sieck

Fromme Frauen im Mittelalter

Annerose und Jörg-Rüdiger Sieck

Fromme Frauen im Mittelalter

Weisheiten und Visionen von Mystikerinnen und Heiligen

tosa

Coverentwurf: Studio Höpfner-Thoma GraphicDesign, Gräfelfing
Coverbild: Artothek
Druck: Tlačiarne BB s.r.o., Slovakia

www.tosa-verlag.com

Inhaltsverzeichnis

Einige Worte vorweg 7

Weibliche Religiosität und männliche Dogmen 9

Von Gleichberechtigung noch keine Spur 11
Märtyrerinnen – von Männerhand in den Tod getrieben 18
Hartes Leben in klösterlicher Askese........................... 25
Religiöse Frauen gründen erste Klöster 28

Gesellschaftlicher Wandel und Frömmigkeitsbewegungen . . 37

Neue Orden und religiöse Lebensformen 38
Die Zisterzienser: Leben von eigener Hände Arbeit 39
Bettelorden: Franziskaner und Dominikaner 43
Im Sog ketzerischer Gegenbewegungen........................ 49
Die Einbindung der Laien in das geistliche System................ 56
Beginen – fromme Frauen am Rand der Häresie 58

Christliche Frauenmystik und -spiritualität 65

Einssein mit Gott – Unio mystica 66
Auf dem Vormarsch: Radikale Nachfolgerinnen Christi............ 69
Hildegard von Bingen: Mutige neue Impulse 72
Elisabeth von Schönau: Bilder aus der Ekstase 76
Juliana von Lüttich: Der Mond hat einen Fleck 78
Zärtliche Liebesmystik: *Beatrijs von Nazareth* 80

Hadewijch von Antwerpen: Leidenschaftlich lieben 81
Mechthild von Magdeburg: Göttliche Grüße. 83
Mechthild von Hackeborn: „Buch der besonderen Gnade“ 86
Gertrud von Helfta: Mit Leib und Seele Seelsorgerin. 89
Christina von Stommeln: Ekstatische Visionen. 93
Angela von Foligno: Von franziskanischen Ideen durchdrungen 94
Verzückungen: *Douceline von Digne* und *Margareta von Cortona* 97
Marguerite Porete: Mutig und entschlusskräftig. 99
Birgitta von Schweden: Charismatisch und konsequent 103
Die rätselhafte Spontanheilung der *Juliana von Norwich* 107
Katherina von Siena: Größte Frau des Christentums 109
Teresa von Avila: Erste anerkannte Kirchenlehrerin 114
Christine de Pizan: Die frühe Utopistin 119
Frischer Gegenwind durch die Reformation 121

Literaturverzeichnis 128

Einige Worte vorweg

„Im gleichen Maße wie der Körper einer Frau weicher ist als der des Mannes, ist auch der weibliche Verstand schärfer." (Christine von Pizan, 1364–1430)

Seit einiger Zeit ist das Interesse an christlicher Spiritualität, weiblicher Religiosität und Mystik neu erwacht. Das Hoch- und Spätmittelalter ist eine einzigartige Fundgrube – für alle, die auf der Suche nach frommen, mutigen und charismatischen Frauen sind. Denn mit der religiösen Erneuerungsbewegung im 12. Jahrhundert verließen eine Vielzahl von mutigen Frauen ihre Familien, um ihr Leben in freiwilliger Armut zu verbringen und in der Nachfolge Christi Werke der Barmherzigkeit zu verüben. Ihre „Heiligkeit" und Frömmigkeit spiegelte sich nicht – wie bei den Männern – in äußeren Taten wider, sondern vor allem in der inneren Welt der Erniedrigung, Askese, der Vision. Frauen, die nicht in ein Kloster eintreten wollten oder es sich aus finanziellen Gründen nicht leisten konnten, schufen sich eigenständige Frömmigkeits- und Lebensformen, etwa die Beginen. Sie entwickelten eine besondere weibliche Spiritualität. Einige von ihnen griffen sogar zur Feder, andere diktierten ihre Erlebnisse und Visionen, um das Einssein mit Gott, die unio mystica, für andere Menschen fühlbar und erlebbar zu machen. In der frauenfeindlichen Männerwelt des Mittelalters war dies die einzige Möglichkeit, sich theologisch zu äußern. Unnachgiebig „kämpften" religiös motivierte Frauen um ihre Rechte. Das Beispiel der Mystikerinnen macht deutlich, was Frauen trotz männlicher Dominanz erreichen können. Die „somatische Frömmigkeit" und „ekstatische Selbststilisierung" dieser Frauen wurde zwar oft verspottet und belächelt, manchmal sogar unter den Verdacht der Ketzerei gestellt. Gespeist aus dem Entschluss zur Ergebenheit in den Willen Gottes, ausgelöst oder genährt von Visionen, etwa als Braut Christi, erschöpfte sich ihr Wirken aber keineswegs nur in einer weltabgewandten, rein innerlichen Form der Frömmigkeit. Vielmehr bedeutete der von ihnen gewählte Weg auch ein politisches Engagement in der Welt, das sie mit spiritueller Praxis, mit Gebet und Kontemplation, zu verknüpfen wussten. Viele von ihnen können mit ihrem mutigen Lebensweg auch heute Vorbild sein.

Weibliche Religiosität und männliche Dogmen

Anders als im 21. Jahrhundert, in dem Religion zumindest in den westlich geprägten Staaten weitestgehend Privatsache ist, waren Kirche und Gesellschaft seit der Antike eng miteinander verwoben. Die christliche Welt war eine Männerwelt, in der Frauen eine untergeordnete Rolle spielten. In der Antike und im frühen Mittelalter hatten christliche Frauen nur wenig Spielraum, ihre Religiosität zu leben. Da sie durch den Sündenfall zum Inbegriff von Begierde und Verführung geworden waren, konnten sie nur durch ein bußfertiges, asketisches Leben die Schuld Evas sühnen und Anteil am ewigen Leben erlangen. Der Weg dahin war die „vita religiosa", das religiöse Leben, was die Zugehörigkeit zu einer der kirchenrechtlich anerkannten Einrichtungen voraussetzte.

Bild links: Maria und das Jesuskind, gemalt von der italienischen Malerin und Klarissin Katharina von Bologna (1413–1463)

Die Kreuzigung des Jesus von Nazareth, gemalt von Michelangelo 1540. Nur Frauen begleiteten den Messias bei seinem Tod.

Von Gleichberechtigung noch keine Spur

Geprägt war das Verhältnis zwischen Mann und Frau wesentlich durch die Vorgaben eines auf antiken wie christlichen Wurzeln basierenden Weltbildes, das dem Mann eine übergeordnete Position zuwies. In seinen Lehrschriften hatte bereits der griechische Philosoph Aristoteles (384–322 v. Chr.) Frauen als verstümmelte Männer definiert, ohne Seele, passive Wesen. Ganz anders dagegen der aktive Mann, der mit Geist und Seele ausgestattet sei. Allein der männliche Same könne die Seele erzeugen; die Frau habe wie ein Acker nur die Wachstumsbedingungen zu bieten, weil die niedrige Temperatur ihres Blutes nicht die notwendige Transformation des Samens erreichen könne. Wie ein roter Faden zieht sich die Frauenverachtung durch den Ideengehalt des christlichen Abendlandes. Noch im 15. Jahrhundert – zu Zeiten der Hexenverfolgung – konnte Papst Pius II. lauthals verkünden: „Wenn du eine Frau siehst, denke, es sei der Teufel. Sie ist eine Art Hölle!"

Jesus – Freund der Frauen

Dabei fing alles ganz anders an. Die ursprüngliche Lehre des Jesus von Nazareth billigte den Frauen gleiche Rechte wie den Männern zu. Der Messias selbst zog weder Mann noch Frau vor. Ganz im Gegenteil. Frauen zählten zu seinen treuesten Anhängerinnen, begleiteten ihn zur Hinrichtung und erfuhren zuerst von seiner Auferstehung. Selbst einer Ehebrecherin vergab Jesus ihr Vergehen, nachdem er sie mit den Worten „Wer ohne Sünde ist, werfe den ersten Stein" vor der Steinigung – der üblichen Strafe für weiblichen Ehebruch – gerettet hatte. Ganz anders als seine männliche Umgebung akzeptierte Christus die Frau als ein dem Mann völlig gleichwertiges Geschöpf. Im Allgemeinen waren die Menschen darüber erstaunt, betreten, sie nahmen Anstoß daran, und selbst seine Jünger „wunderten sich" darüber, wie Jesus mit den Frauen umging. Doch das alles kümmerte ihn wenig. Schließlich war er gekommen, um alle Menschen zu befreien. Christus erkannte die Frauen ganz selbstverständlich als Mitarbeiterinnen in seinem Erlösungswerk an: Er sprach mit ihnen über Themen, die man damals nicht mit Frauen zu erörtern pflegte, und erschloss ihnen die tiefsten Geheimnisse Gottes.

Der schreibende Paulus in der frühmittelalterlichen Ausgabe seiner Briefe.

Aber diese urchristlichen Ideale konnten sich im hellenistisch-jüdischen Raum nicht behaupten, denn sowohl in der griechischen Philosophie wie in den alttestamentarischen Überlieferungen galt die Frau als Verkörperung des Bösen und Schlechten. Sie war das Übel schlechthin. Die Gesellschaft wurde in dem Maße frauenfeindlich, wie sie sich von der ursprünglichen Botschaft Christi entfernte.

Paulus – ein Macho?

„Ihr Frauen, ordnet euch den Männern unter!“ Paulus (10–67), der Missionar der Heiden und eigentliche Begründer des Christentums, war von den hellenistischen Vorstellungen Alexander des Großen durchdrungen, welche die Frau am unteren Ende der gesellschaftlichen Hierarchie sahen. Dies verfälschte die urchristlichen Ideale von der Gleichwertigkeit von Mann und Frau. „Denn der Mann ist das Haupt für die Frau, wie Christus das Haupt für die Kirche ist. Wie die Kirche Christus untertan

Das Damaskuserlebnis

Paulus, ein Jude, der Jesus nie getroffen hat, wurde in Jerusalem zum Rabbiner ausgebildet. Er entwickelte sich zum Todfeind des jungen Christentums, in dem er dort eine Gefahr für die Reinheit der jüdischen Religion witterte. Die Apostelgeschichte berichtet, dass er bei der Steinigung des Erzmärtyrers Stephanus die Kleider der Schergen bewachte. Nach seinem Studium reiste er nach Damaskus, um dort die jüdischen Gemeinden von Christen zu säubern. Doch es kam alles ganz anders. Vor den Toren der Stadt erschien ihm ein Licht vom Himmel, das ihn zu Boden stürzen ließ, und eine Stimme sprach zu ihm, in der er Jesus von Nazareth erkannte. Überwältigt von der Vision, erblindete Paulus und musste in die Stadt geführt werden. Nachdem er dort von einem Christen getauft worden war und das Augenlicht zurückerlangt hatte, begann er in den Synagogen Jesus als Messias zu preisen.

ist, so seien es in allem auch die Frauen ihren Männern." Deshalb müsse die Frau in der Gemeinde schweigen. „Wie in allen Gemeinden der Heiligen lasset die Frauen schweigen in der Gemeinde; denn es soll ihnen nicht zugelassen werden, dass sie reden, sondern sie sollen sich unterordnen", forderte Paulus im ersten Korintherbrief, und er führte aus: „Wollen sie aber etwas lernen, so lasset sie daheim ihre Männer fragen. Es steht der Frau übel an, in der Gemeinde zu reden. Oder ist von euch das Wort Gottes ausgegangen? Oder ist es allein zu euch gekommen?"

Bereits in den Anfängen des Christentums wurde es Frauen bei Todesstrafe verboten, sich wissenschaftlich zu bilden oder gar zu lehren. Die Kirche hatte panische Angst vor Wissenden, vor allem vor wissenden Frauen, denn wer mehr als das Nötigste wusste, ließ sich nicht mehr so leicht unterdrücken, ausbeuten und sich das christliche Weltbild „verkaufen". Im allerheiligsten Buch der Christen, also in der Bibel, wurde damit bereits die Grundlage für die spätere Frauenverachtung der Kirche gelegt, die in Teilen bis heute noch Bestand hat.

Michelangelos „Erschaffung Evas" in der Sixtinischen Kapelle, Rom.

Im jahwistischen Schöpfungsbericht (Genesis 2) wird Eva als Zweiterschaffene und Gehilfin generell abgewertet. Dieser Schöpfungsbericht prägte das Bild von der Frau in der jüdischen Tradition ebenso wie in der christlichen. Ganz anders ist der Tenor eines zweiten Schöpfungsberichtes (Genesis 1). Hier ist von keiner Nachrangigkeit die Rede, sondern von Gleichheit. Doch dieser frauenfreundliche Aspekt setzte sich nicht durch. Im Sündenfallbericht (Genesis 3) hat Eva, als Erste durch die Schlange verführt, verbotenerweise vom Baum der Erkenntnis gegessen und danach Adam dazu verleitet. Aus dieser Schuldzuweisung an Eva wurde der Frau die grundsätzliche Unterordnung unter den Mann erteilt: „Eine Frau soll sich still und in aller Unterordnung belehren lassen. Dass eine Frau lehrt, erlaube ich nicht, auch nicht, dass sie über ihren Mann herrscht; sie soll sich still verhalten. Denn zuerst wurde Adam erschaffen, danach Eva. Und nicht Adam wurde verführt, sondern die Frau ließ sich verführen und übertraf das Gebot." (1 Tim 2, 11–14). Wie sagte der Kirchenlehrer Augustinus? „Das Weib ist ein minderwertiges Wesen, das von Gott nicht nach seinem Ebenbilde geschaffen wurde. Es entspricht der natürlichen Ordnung, dass die Frauen den Männern dienen."

Schöpfungsberichte

„Da formte Gott der Herr den Menschen aus Erde vom Ackerboden und bließ in seine Nase den Lebensatem. So wurde der Mensch zu einem lebendigen Wesen. … Dann sprach Gott, der Herr: Es ist nicht gut, dass der Mensch allein bleibt. Ich will ihm eine Hilfe machen, die ihm entspricht. Da ließ Gott, der Herr, einen tiefen Schlaf über den Menschen fallen, so dass er einschlief, nahm eine seiner Rippen und verschloss ihre Stelle mit Fleisch. Gott, der Herr, baute aus der Rippe eine Frau und führte sie dem Menschen zu. Und der Mensch sprach: Das endlich ist Bein von meinem Bein und Fleisch von meinem Fleisch. Frau soll sie heißen, denn vom Mann ist sie genommen."(Gen. 2, 7 und 18 ff.)

„Dann sprach Gott: Lasst uns Menschen machen als unser Abbild, uns ähnlich. Sie sollen herrschen über die Fische des Meeres, über die Vögel des Himmels, über das Vieh, über die ganze Erde und über alle Kriechtiere auf dem Land. Gott schuf also den Menschen als sein Abbild; als Abbild Gottes schuf er ihn. Als Mann und Frau schuf er sie." (Gen. 1, 26, 27)

„Maria im Rosenhag", Stefan Lochner, um 1448. Die Mutter des Jesus von Nazareth spielt im Katholizismus eine herausragende Rolle als „Mutter Gottes".

Die Frau – das „Einfallstor des Teufels"

Großen Einfluss auf das Denken im Mittelalter nahmen die Ansichten von Kirchenvater Aurelius Augustinus (354–430). Er schränkte die in Genesis 1 ausgedrückte Ebenbildlichkeit der Frau ein „Der Mann ist Bild Gottes nach Leib und Seele, die Frau nur der Seele nach." Aber selbst diese Auffassung wurde noch verzerrt, nämlich mit Blick auf die Handlungsweise der Frau des 2. Schöpfungsberichtes, die sich von der Schlange zur Sünde verführen ließ und ihrerseits den Mann verführte. Damit war die Grundlage dafür geschaffen, dass in der Frau das Böse an sich vermutet werden konnte, was der Dominikaner Thomas von Aquin, ein verehrter Kirchenlehrer (1225–1274), mit besonderer Nachhaltigkeit thematisierte: „Die Frau ist ein Missgriff der Natur ... mit ihrem Feuchtigkeits-Überschuss und ihrer Untertemperatur körperlich und geistig minderwertiger ... eine Art verstümmelter, verfehlter, misslungener Mann ... die volle Verwirklichung der menschlichen Art ist nur der Mann. Der wesentliche Wert der Frau liegt in ihrer Gebärfähigkeit und in ihrem hauswirtschaftlichen Nutzen." Für den berühmten Scholastiker war die Frau also zweifach minderwertig: Nicht nur durch den von Eva verursachten Sündenfall und seine Folgen, die Erbsünde, sei die Frau dem Manne untergeordnet, sondern auch durch ihre natürliche Minderwertigkeit. Deshalb sei die Weiblichkeit ein Defekt der Natur.

Über weite Strecken des Mittelalters beeinflusste dieses Frauenbild nicht nur das religiöse Leben, sondern wirkte sich auch auf alle anderen gesellschaftlichen Bereiche aus. Die Frau war nicht ein Geschöpf eigenen Rechts, sondern war stets der Entscheidungsgewalt eines männlichen Verwandten unterworfen, dem Vater, dem Ehemann, als Witwe z. B. wieder einem Verwandten aus der eigenen Familie.

Fatal für das Frauenbild war die negative Bewertung der Sexualität. Nach Tertullian, Augustinus und anderen Theologen wurden die mit der Sexualität einhergehende Begierde und Lust als Folge des Sündenfalls gesehen. Hieronymus z. B. zog aus der Frauenverachtung seiner Vordenker einprägsame Lehren: „Die Frau ist die Pforte des Teufels, der Weg der Bosheit, der Stachel des Skorpions, mit einem Wort

Eine unentrinnbare Strafe ...

Die Geburt einer Tochter löste bei ihren Eltern selten Freudenschreie aus. Ein Mädchen zu gebären, war geradezu eine Strafe Gottes! Denn schließlich war dank der eifrig predigenden Geistlichen (fast) jeder Mann und (fast) jede Frau überzeugt, dass das weibliche Geschlecht von Natur aus boshaft, gehässig, spottsüchtig, unehrlich, lügnerisch, eitel, hochmütig, zanksüchtig, listig, heuchlerisch und völlig ungebildet ist. Das Weib – so schallte es von den Kanzeln der Kirchen herab – ist die Feindin jeder Freundschaft, eine unentrinnbare Strafe, ja, eine Fehlkonstruktion der Natur.

ein gefährlich Ding." Die Folge: Frauen wurden das ganze Mittelalter hindurch mit einer Fülle von Einschränkungen und Verboten bedacht. Das ging so weit, dass von Ehefrauen verlangt wurde, zwar auf Wunsch ihrer Männer ihre eheliche Pflicht zu erfüllen, dabei aber eigene Gefühlsregungen oder gar Liebe zu vermeiden und diese stattdessen auf Gott zu richten. Die primäre Liebe zu Gott ließ die fleischliche Liebe als Sache erscheinen, die im Gehorsam hinzunehmen und durch Askese zu büßen war. Vorbild frommer Frauen war die jungfräuliche Mutter Maria. Sie ergab sich eben nicht den fleischlichen Lüsten – wie die sinnliche Eva.

Ideal und Wirklichkeit

„Ich bin Eva, die Frau des edlen Adam; ich war es, die Jesus in der Vergangenheit verletzt und beleidigt hat; ich bin es, die ihre Kinder des Himmels beraubt hat; ich bin es, die gerechterweise hätte gekreuzigt werden sollen; ich bin es, die den Apfel pflückte, es gäbe keine Hölle, es gäbe nicht Kummer und Leid, es gäbe keinen Schrecken, wenn ich nicht wäre" – so formulierte es ein irischer Dichter des Mittelalters. Gegen diese arme schuldbeladene Eva setzte die Kirche also ein unerreichbares Ideal: Maria, die jungfräuliche Mutter, frei von der Erbsünde. „Denn alles, was das Fleisch der Eva Böses gebracht hat, hat der Segen Marias hinweggenommen."

Dieses theologische Konstrukt entstand eigentlich unter ganz anderen Vorzeichen: Die heidnischen Völker verehrten eine Große Göttin oder Muttergöttin, deren Beistand ihnen Geborgenheit verhieß. Diese Rolle wurde von unten, d.h. aus dem Volke, auf die Mutter Jesu übertragen; und die Kirchenväter waren gezwungen, über eine Marienverehrung nachzudenken. Es ist also kaum verwunderlich, dass die Jungfräulichkeit im Mittelalter so hoch geschätzt wurde, dass nicht nur Männer, sondern auch viele Frauen ein religiöses Leben in völliger Enthaltsamkeit führen wollten.

Mit Regeln aus Bußbüchern und der Androhung von Gottes Zorn versuchte die Kirche Normen aufzustellen, um das Sexualverhalten der Bevölkerung zu kontrollieren. Frauen sollten sich als Jungfrau in die Zwänge der Ehe begeben, dort ungeschützten, nur der Fortpflanzung dienenden Sex haben, möglichst viele Kinder bekommen, und sich aufopfernd um ihren Mann und sein Zeugungswerk kümmern. Fromm und demütig und treu sollte sie ihrem Gatten zu Diensten sein. Der Kirchenlehrer Johannes Chrysostomos (349–407) brachte die mittelalterliche Auffassung auf den Punkt: „Die Weiber sind hauptsächlich dazu bestimmt, die Geilheit der Männer zu befriedigen."

Und noch Martin Luther, der große Reformator, schlug mit den Worten „Will die Frau nicht, so komm die Magd!“ in die gleiche Bresche. Ideal und Wirklichkeit klafften im Mittelalter weit auseinander. Das traf in besonderem Maße auf den Klerus selbst zu. In den täglichen Sitten herrschte Freimütigkeit, beispielhaft dafür sind das lustvolle Treiben in den öffentlichen Badestuben sowie die festlichen Empfänge von Fürsten und Kaisern in den Freudenhäusern der Städte. Prostitution wurde als selbstverständlich erachtet und galt (bei Männern!) nicht als Ehebruch. Von Lust- und Leibfeindlichkeit – wie es die Kirche gern gesehen hätte – konnte keine Rede sein. Kein Wunder also, dass fromme Frauen, die ein religiöses Leben in Enthaltsamkeit führen wollten, versuchten, dieser in hohem Maße heuchlerischen Wirklichkeit zu entfliehen.

Märtyrerinnen – von Männerhand in den Tod getrieben

In jeder Religion haben die Gläubigen das Bedürfnis nach Menschen, die eine inspirierende Frömmigkeit verbreiten. Das war bereits in der Antike so, als die Christen noch verfolgt wurden. „Musterhaft“ verhielten sich diejenigen, die für ihren Glauben in den Tod gingen und mit dieser Einstellung nach christlicher Auffassung das ewige Leben gewannen. Als so genannte Blutzeugen bewiesen sie die Wahrheit der christlichen Lehre.

Der erste christliche Märtyrer war Stephanus (1–36/40), ein Diakon der Jerusalemer Urgemeinde. Er galt als herausragender Prediger. Durch eine seiner Predigten geriet er mit den hellenistischen Juden Jerusalems in Konflikt. Sie brachten ihn unter dem Vorwurf der „Reden wider die heiligen Stätten und das Gesetz“ vor den Hohen Rat (Apostelgeschichte 6, 8–15). Stephanus durfte seine Verteidigungsrede, in der er seinen christlichen Glauben bekannte, nicht zu Ende führen. Die Richter sahen sein Antlitz wie das eines Engels strahlen, hielten sich aber die Ohren zu vor seiner flammenden Verteidigungsrede, mit der er sein Bekenntnis unter Berufung auf Moses und die Propheten ablegte. Stephanus wurde als Lästerer verurteilt und einer aufgebrachten Menge beim Damaskus-Tor überliefert. Der Pöbel steinigte ihn vor den Stadttoren Jerusalems. Stephanus sah den Himmel offen, kniete, seinen Widersachern vergebend, im Gebet nieder und starb.

Stephanus gilt als der Erzmärtyrer des Christentums, doch es sind wundersamerweise auch einige Frauen bekannt, die den Märtyrertod für ihren Glauben erlitten. Von einigen wissen wir, dass es sie tatsächlich gegeben hat.

Schön, klug und beredt: Katharina von Alexandria

Die noch junge christliche Kirche machte diese mutigen, bekennenden Menschen wie Stephanus zu Heiligen, so auch die gebildete Katharina von Alexandria († 306) in Ägypten – neben der Muttergottes eine der beliebtesten Frauen des frühen Christentums. Sie, die Tochter des zypriotischen Königs Costus, ließ sich den Mund ebenso wenig verbieten wie das Denken. Katharina genoss das Leben in vollen Zügen, ließ sich von Freiern umgarnen und verwöhnen. Doch gut genug war keiner für sie, selbst den Sohn des Kaisers soll die stolze Schönheit abgewiesen haben. Erst einem christlichen Eremiten gelang es, ihr den passenden Bräutigam zuzuführen: Jesus Christus. Katharina zögerte, doch nachdem ihr die Gottesmutter erschienen war und ihrer Eitelkeit mit den Worten „Du bist noch nicht wirklich schön, weil du nicht getauft bist" geschmeichelt hatte, ließ sie sich bekehren. In einem Traumgesicht erschien ihr der Gottessohn und steckte ihr den Verlobungsring auf den Finger: Die Braut gelobte ihm ewige Jungfräulichkeit. Bereits in der Spätantike setzte die Verherrlichung von Enthaltsamkeit, Keuschheit und Jungfräulichkeit ebenso ein wie die Begeisterung für Jesus als himmlischen Bräutigam. Im Mittelalter wurde daraus die so genannte Brautmystik. Doch davon später mehr.

Nachdem der römische Kaiser eine Vielzahl von Christen zum Märtyrertod verurteilt hatte, trat Katharina ihm mutig entgegen und fragte ihn, weshalb er nicht

Das Katharinenkloster

Festungsartig liegt St. Katherina im steinernen Meer der Sinai-Wüste wie eine unerschütterliche Insel. Die Basilika ist mit Ikonen von unschätzbarem Wert geschmückt, die Bibliothek ist neben dem Vatikan die wertvollste Schriftensammlung der Glaubensgeschichte. Errichtet zwischen 548 und 565, ist das Katharinenkloster das einzige mittelalterliche Kloster weltweit, das nie durch Kriege in Mitleidenschaft gezogen wurde. Mohammed selbst soll seinerzeit dem Abt einen Schutzbrief ausgestellt haben. Es ist das einzige Kloster, hinter dessen Mauern eine Moschee steht.

Die heilige Katharina von Alexandria auf dem Altarpolyptychon von San Francesco in Montefiore dell' Aso.

lieber zum Christentum übertrete als von den Christen das Götzenopfer zu verlangen. Sie bestand auf ihrem Recht, zu beweisen, dass sie die besseren Argumente habe. In einer öffentlichen Diskussion, zu der der Kaiser seine besten 50 Philosophen und Gelehrten aufbot, brachte sie so einleuchtende und gelehrte Argumente für das Christentum vor, dass sich alle 50 auf einen Schlag zum Christentum bekehren ließen. Weil sie nicht vermocht hatten, Katharina vom Glauben abzubringen, schickte der Kaiser alle auf den Scheiterhaufen. Danach befahl er, Katharina zu ergreifen, in den Kerker zu werfen und bis aufs Blut zu geißeln. Sie wurde ausgepeitscht, doch schon am nächsten Tag sollen ihre Wunden verheilt gewesen sein. Sie wurde ohne Nahrung eingesperrt, doch sie schien keinen Hunger zu leiden. Als schließlich auch noch das Rad zerbrach, auf dem sie gefoltert werden sollte, befahl Maxentius, die immer wieder wundersam Gerettete zu enthaupten.

Die gelehrte und beredte Katharina aber wurde durch ihren Triumph später zur Patronin der Theologen, Anwälte, Lehrer, Schüler und der Universitäten überhaupt sowie zur Helferin gegen Zungenleiden und Sprachstörungen. Die größte Popularität erfuhr sie im deutschen Sprachraum, wo sie zu einer der 14 Nothelfer aufstieg und zeitweise nach der Jungfrau Maria die beliebteste Heilige war. Ein Vorbild, dem viele Menschen nacheifern wollten.

Katharinas Tod wird auf die Jahre zwischen 306 und 313 datiert. Wo Katharina begraben wurde, ist unbekannt. Später sollen jedoch am Berg Sinai Reliquien der Märtyrerin gefunden worden sein. Die Legende besagt, der Leichnam der Heiligen sei von Engeln an diesen Ort getragen worden, an dem sich seit dem 6. Jahrhundert das berühmte Katharinenkloster befindet.

Die heilige Cäcilia und ihr Engel

Auch die heilige Cäcilia (200–230) soll wie Katharina ein Leben in Keuschheit geführt haben. Obwohl sie Christin war, verheirateten ihre Eltern sie mit einem vornehmen heidnischen Mann namens Valerian. In der Brautnacht eröffnete die junge Römerin ihrem frisch Angetrauten, dass sie eine Gott geweihte Jungfrau sei und er sie nicht anfassen dürfe: „Der Engel des Herrn steht mir als Beschützer meiner Reinheit zur Seite. Hüte dich, mich zu berühren und den Zorn des Himmels auf dich herabzurufen!“ Valerian, enttäuscht und ungläubig, ließ sich vom Papst beraten; dieser forderte ihn auf, sich ebenfalls taufen zu lassen. Valerian zögerte nicht lange und wurde Christ, kehrte zu seiner Frau zurück und sah einen glänzenden Engel neben ihr. Der Engel reichte ihnen zwei Kränze aus Rosen und Lilien, die den

Die heilige Cäcilia, die Schutzheilige für Musik, auf einer Fahne von 1929.

Raum mit himmlischem Duft erfüllten, und mahnte das junge Ehepaar, allzeit die Unschuld zu bewahren.

Als Mitglieder der verfolgten Gemeinde in Rom kümmerten sich Cäcilia, ihr Ehemann und dessen bekehrter Bruder Tiburtius um Bedrängte, trösteten Eingekerkerte und bestatteten Hingerichtete. Schließlich fielen Valerian und Tiburtius den kaiserlichen Schergen in die Hände und wurden enthauptet. Auf der Suche nach Besitztümern der beiden Märtyrer stieß Almachius auf Cäcilia, die sich ihm unerschrocken in den Weg stellte und sich als Christin bekannte. Von soviel Mut und Standhaftigkeit gereizt, ließ der wütende Präfekt die junge Frau in ihrem Haus in kochendes Wasser setzen, um sie zu töten. Doch die Hitze des Warmbades, in dem man sie gefangen hielt, konnte ihr nichts anhaben. Entsetzt über dieses Wunder, ordnete Almachius daraufhin die Ent-

Das ewige Leben

Folgende Worte soll Cäcilia gesprochen haben: „Wenn dieses Leben das einzige wäre, und darauf kein anderes folgte, so würden wir mit Recht fürchten, dieses Leben zu verlieren. Da es aber ein anderes gibt, das ungleich besser als das gegenwärtige ist, und niemals endigt: warum sollen wir uns fürchten, dieses Leben zu verlieren? Umso weniger, weil wir nur durch den Verlust dieses Lebens zum Besitze jenes besseren, ewigen Lebens gelangen können. Das Leben, welches auf das gegenwärtige folgt, bringt dem Gerechten ewige Freude, dem unbußfertigen Sünder aber ewige Pein."

Märtyrer

Wer den Tod um des christlichen Glaubens willen freiwillig auf sich nahm, galt in der Kirche als Märtyrer. Das Wort ist von griechisch „martys" abgeleitet, was „Zeuge" bedeutet. Der Märtyrer war ein Blutzeuge, der mit seinem Tod für die Glaubwürdigkeit der christlichen Lehre eintrat. Er durfte sich sogar als Nachfolger des Gekreuzigten fühlen, der in der Apokalypse des Johannes als der „treue Zeuge" und „der treue und wahrhaftige Zeuge" angerufen wird..

hauptung der Christin an. Dreimal soll der Henker zugeschlagen haben, ohne jedoch den Kopf vom Rumpf trennen zu können. Danach machte er sich auf und davon und ließ Cäcilia in ihrem Blut liegen. Nach drei Tagen starb sie am 22. November qualvoll den Märtyrertod. Ihr von Schmerzen gekrümmter Leib wurde in der Calixtus-Katakombe beigesetzt. Rund 600 Jahre später wurden ihre Gebeine in die Kirche Santa Cecilia in Trastevere, einem Stadtteil von Rom, überführt.

Die Cäcilienlegende gehört zu den schönsten des christlichen Altertums. Nicht nur die Gläubigen ließen sich von ihr durch alle Jahrhunderte hinweg bezaubern, auch den Künstlern wurde das Martyrium der jungen Christin immer wieder Thema für Darstellungen. Die heilige Cäcilia wird in der römischen Kirche seit der zweiten Hälfte des 5. Jahrhunderts als Jungfrau und Märtyrerin verehrt.

Das Inbild von Glaubensstärke: Die heilige Christina

Die junge Christina lebte im 3. Jahrhundert in Volsinii (heute Bolsena), einem Ort nordwestlich von Rom in der Landschaft Latium. Ihr Vater war Stadtpräfekt und oberster Richter. Mit eiserner Härte betrieb er die Verfolgung und Verurteilung von Christen, denn sie galten als Staatsfeinde, weil sie den römischen Kaiser nicht als Gott verehren wollten. Ausgerechnet seine eigene Tochter fühlte sich zur christlichen Religion hingezogen und ließ sich im Alter von zwölf Jahren taufen. Ihre Weigerung, den Göttern das morgendliche Weihrauchopfer zu bringen, versetzte ihren Vater in rasende Wut. Er versuchte sie zu zwingen, doch sie weigerte sich und zerstörte die goldenen und silbernen Standbilder. In zorniger Angst vor der Rache der Götter schlug er die Tochter mit Ruten und zerrte sie vor den Richter. Christina blieb trotz Folterqualen standhaft. Mit einem Mühlstein um den Hals warf man sie in den See, doch sie ging nicht unter. Siedendes Öl, Bisse giftiger Vipern, selbst Einschließen in einen brennenden Ofen überstand sie unbeschadet. Dem Vater wurde es schließlich zuviel und er ordnete ihre Enthauptung an. Wundersamerweise verstarb er in der Nacht vor der Vollstreckung. Doch die Marter der Tochter ging weiter. Die Amtsnachfolger ihres Vaters dachten sich neue Misshandlungen aus, die Christina unbeschadet überstand. Erst Julianus, der mit Pfeilen auf sie schoss, traf das Herz der christlichen Märtyrerin, die daraufhin starb.

Historische Belege für die tatsächliche Existenz der heiligen Christina fehlen; das tat der frommen Verehrung der Heiligen jedoch keinen Abbruch. 1880 entdeckte man in Bolsena unter dem Altar der unterirdischen Basilika einen Basalt-Sarkophag. In ihm lag ein kleinerer aus Marmor mit der Inschrift: „Hier ruht der Leib der heiligen Christina."

Genügsam in der Zelle: Die heilige Verena

An dieser Stelle darf die heilige Verena (300–350) nicht vergessen werden. Der Legende nach stammte Verena aus Ägypten und gehörte der Thebäischen Legion an, einer römischen Heereseinheit, die im Wesentlichen aus ägyptischen Christen bestand und in der Schweiz stationiert war. Als die Legion fast geschlossen den Martertod fand, konnte sich Verena retten. In Solothurn fand sie Zuflucht. Sie lebte dort als Einsiedlerin in einer Höhle, speiste die Armen und pflegte Kranke. Sie predigte den Menschen, betete mit ihnen und gab ihnen Rat und Trost. In Solothurn, wo Verena einige Zeit gelebt haben soll, wurde eine Schlucht nach der Heiligen benannt. Zum Verena-Grab in Zurzach findet seit etwa Ende des 4. Jahrhunderts alljährlich eine Wallfahrt statt. Später zog Verena nach Zurzach im Kanton Aargau, wo sie zunächst den Haushalt des Pfarrers führte, dann als Einsiedlerin lebte. Durch die fromme und bescheidene Lebensweise trug sie zur Ausbreitung des christlichen Gedankens bei.

Die heilige Christina: Die Plastik (um 1889) von Moriz Schlachter steht in der Pfarrkirche St. Christina, Ravensburg.

Hartes Leben in klösterlicher Askese

Nach langen, immer wieder auftretenden Verfolgungswellen erreichte das Christentum im 4. Jahrhundert zunächst seine Duldung als legitime Religion und schließlich sogar unter Kaiser Konstantin (272/285–337) seine herrschaftliche Anerkennung. Das Christentum wurde offizielle Staatsreligion. Damit konnten Gläubige ihre Kulthandlungen öffentlich in ihren Gemeinden ausüben. Den christlichen Märtyrern und Märtyrerinnen der frühen Gemeinden folgten nun die Kirchenlehrer und Bekenner: Herausragende Gestalten, welche die Lehren der neuen Weltreligion ausformulierten oder durch ihr Beispiel christliche Tugenden vorlebten.

Zunächst in Nordafrika und Kleinasien setzte sich neben der Lebensform in der christlichen Gemeinde, bei der die Mitglieder weiterhin ihren Tagesgeschäften nachgingen, die Vorstellung einer streng asketischen Lebensführung durch, die von Einsiedlern (Eremiten) oder in weltflüchtigen, stadt- und zivilisationskritischen Gemeinschaften praktisch umgesetzt wurde. Asketisches Leben in der Gemeinschaft wurde auch in Italien und in den römischen Provinzen nördlich von Alpen und Pyrenäen zum Lebensideal vieler Christen.

Barmherzigkeit der heiligen Verena (1524).

Die Institutionalisierung von Gemeinschaften in Klöstern mit geregelten Lebensvorschriften erfolgte seit dem 5. Jahrhundert auf bischöfliche, seit dem 6. Jahrhundert auch auf königliche und adlige Initiative. Erste Frauenklöster entstanden bereits im 4. Jahrhundert, doch sie litten unter immensen Versorgungsschwierigkeiten und wurden häu-

Kopf des heiligen Benedikt (Freskenzyklus im Dominikanerkloster San Marco in Florenz von Angelico Fra).

fig von heidnischen Germanen überfallen. In Verbindung mit der politischen Entwicklung des Frankenreiches und der dabei einhergehenden weiteren Christianisierung Europas wuchs den Klöstern die Aufgabe zu, geistige und geistliche Zentren der führenden gesellschaftlichen Gruppen zu werden. Damit fungierten die Klöster als Stützpunkte der Missionierung und Kultivierung. Umsichtige Landesherren erkannten dies, sie gründeten Klöster oft in unterentwickelten Gegenden und statteten sie mit großen Ländereien aus.

Der „Vater des abendländischen Mönchtums"

Die Orientierung an den Prinzipien Keuschheit, Gehorsam und Armut und die ihnen von einer christlich ausgerichteten Gesellschaft übertragenen Pflichten – Gebet und beschauliche Betrachtung – bildeten von Anfang an die Grundlagen des klösterlichen Lebens. Doch das Miteinander im Kloster benötigte wie jede andere Gemeinschaft Regeln und Normen, welche die gemeinsamen geistlichen und alltäglichen Tätigkeiten und Pflichten der

Papst Gregor über Benedikt

„Inmitten der vielen Wunder, durch die der Mann Gottes in der Welt glänzte, leuchtete er auch ganz besonders durch das Wort seiner Lehre hervor. Denn er hat eine Regel für Mönche verfasst, einzigartig in weiser Mäßigung, lichtvoll in ihrer Darstellung. Wer sein Leben und seinen Wandel genauer kennen lernen will, der findet in den Vorschriften der Regel alles, was er als Lehrmeister vorgelebt hat. Denn der Heilige konnte nicht anders lehren, als er lebte." (Dialoge II., 36)

einzelnen Mitglieder festlegten. Die ersten Klöster hatten sich Vorschriften gesetzt, doch erst die Regel des Benedikt aus dem Jahr 540 wurde zur Richtschnur des Klosterwesens im Mittelalter.

Benedikt von Nursia (480–547) entstammte einer vornehmen Familie. Während seiner Ausbildung in Rom stieß ihn das dortige städtische Leben so sehr ab, dass er sich zunächst als Einsiedler in eine Höhle bei Subiaco zurückzog. Bereits dort ereigneten sich etliche Wunder, die ihn in seiner Glaubensfestigkeit bestärkten. Sein großer Ruhm als frommer Eremit bewog die Mönche von Vicovaro, ihn zu ihrem Abt zu berufen. Doch er überwarf sich mit den Mitgliedern des Konventes, die möglicherweise die Strenge seiner Lebensführung unterschätzt hatten.

Benedikt von Nursia wird in seiner Einsiedelei von dem Mönch Romanus mit Nahrung versorgt (Gemälde, um 1540, vom Meister von Messkirch).

Benedikt kehrte in die Einsamkeit zurück, umgab sich jedoch mit einer kleinen Gruppe Gleichgesinnter und gründete später das Kloster Montecassino, dem er selbst ab 529 als Abt vorstand. Dort entwarf und schrieb er die „Regula Benedicti", die sich als klösterliche Lebensregel über ganz Europa verbreitete. Arbeit wurde nun als Dienst an der Schöpfung betrachtet, als Unterwerfung unter den Willen Gottes, der Adam bei der Vertreibung aus dem Garten Eden die Arbeit „im Schweiße seines Angesichts" befohlen hatte. Bei den Benediktinern handelt es sich um einen monastischen Orden, d. h. sie leben nur in Klöstern. Benedikts Mönchsregel, das älteste Grundgesetz abendländischen Klosterlebens, ist bis heute in Kraft. Bis zum 12. Jahrhundert war sie die einzige Klosterregel des Westens, und bis in die Gegenwart prägt sie das Klosterwesen. Beneditks Überreste ruhen unter dem Altar der Basilika in Montecassino. Er wurde 1964 von Papst Paul VI. zum Schutzpatron Europas erklärt, da er „Botschafter des Friedens, Schöpfer der Einheit, Lehrmeister der Zivilisation, Bote des Glaubens und Begründer des westlichen Mönchslebens" sei.

Religiöse Frauen gründen erste Klöster

Das christliche Frauenbild stand in großem Gegensatz zur Wirklichkeit, sowohl im Römischen Reich wie auch bei der zutiefst heidnischen Gesellschaft in Nordwesteuropa. Erst die Einbeziehung des christlichen Glaubens in die Machtpolitik eröffnete der Kirche die Chance, ihre Ideen zu verbreiten: als von den Herrschenden verordnete Staatsreligion. Konstantin I. setzte auf Drängen seiner Mutter Helena das Christentum als Staatsreligion ein. Chlodwig I. (466–511) begründete das fränkische Reich und führte dort das Christentum ein. Aber vor allem die Verflechtung von Politik und Religion unter Karl dem Großen (742–814) war von entscheidender Bedeutung für die Formierung des mittelalterlichen Christentums.

Es ist keine Frage, dass die Normen der Kirche für eine fortschreitende Entmündigung der Frauen verantwortlich waren. Dennoch gab es zu allen Zeiten kluge und fromme Frauen, die – gegen alle Widerstände – Nischen fanden, in denen sie ihre Religiosität entfalten konnten. Eine Reihe dieser Klosterfrauen erbrachten erstaunliche Leistungen auf dem Gebiet der christlichen Literatur, Kunst und Musik und hatte maßgeblichen Anteil am Erziehungswesen. Als Vorsteherinnen und Leiterinnen geistlicher Gemeinschaften gewannen manche der Äbtissinnen Ansehen und Einfluss, die denen eines Bischofs nicht nachstanden. Ihre Klöster waren Mittelpunkte der Kultur, Stätten der Bildung und weithin wirkende Zentren des Glaubens. Vor allem im Frühmittelalter trugen Frauenklöster zur Missionierung Europas bei und waren an kirchlichen Entwicklungen beteiligt. Das Klosterwesen bildete die wichtigste Form religiösen Lebens im Mittelalter, denn nur sie war kirchenrechtlich anerkannt. Alles andere wäre Ketzerei gewesen. Frauen hatten mehrere Möglichkeiten, Askese und Enthaltsamkeit zu leben.

Hinter Mauern verschlossen: Die Klausnerin

Sehr streng ging es im Leben einer Klausnerin zu, eine Einsiedlerin, die häufig auch Rekluse oder Inkluse genannt wird. Klausnerinnen lebten in einer Zelle, einer Klause, die in den allermeisten Fällen an ein Kloster angebaut war. Sie wollten ein extrem einsiedlerisches Leben führen und ließen sich deshalb in einer Zelle einschließen oder sogar einmauern. Kontrolliert und begleitet wurden Klausnerinnen von Abt oder Äbtissin des jeweiligen Klosters. Das Leben war bestimmt von strenger Askese: Enthaltsamkeit, intensives Gebet, Bibellektüre, Fasten und körperliche Selbstkasteiung gehörten zur Tagesordnung. Klausnerinnen waren meist arme Frauen, die von der Kirchengemeinschaft notdürftig mitversorgt wurden. Frauen, die dieses Leben wählten, erwartete viele gleichmäßig verlaufende Jahre, die sie in ein und demselben Raum verbrachten. Eingeschlossen in einer Zelle, deren Verbindung zur Außenwelt in einem Fenster bestand. Diese besonders strenge Form der Askese lehnte sich an den Tugendkatalog des heiligen Benedikt an.

Wiborada wurde im Jahr 1047 – als erste Frau überhaupt – durch Papst Clemens II. heilig gesprochen. Gezeigt wird sie in Ordenstracht mit Hellebarde und Buch.

Eine bekannte „Eingeschlossene“ des frühen Mittelalters war Wiborada († 926). Wiborada lebte in einer Zelle bei der Magnus-Kirche von St. Gallen, in die Bischof Salomon von Konstanz die schwäbische Adlige 916 eingeschlossen hatte. Beim Einfall der Ungarn soll sie den Rat gegeben haben, die Klosterbibliothek von St. Gallen auf die Insel Reichenau auszulagern, wohin die berittenen Ungarn wohl nicht kommen würden; so rettete sie die Bibliothek, die das älteste Buch in deutscher Sprache aus dem Jahr 720 sowie das um 920 in St. Gallen entstandene älteste Liederbuch der Welt enthält und seit 1983 zum Weltkulturerbe zählt. Während die Mönche des Klosters sich vor den Hunnen in eine nahe Fluchtburg retteten, blieb Wiborada ihrem Gelübde als Reklusin treu und am Ort. Sie wurde von eindringenden Ungarn erschlagen.

Lebenslang verpflichtet – die Nonne

Eine andere, weitaus häufigere Form des geistlichen Lebens war die einer Nonne in einem Frauenorden, also die lebenslange Verpflichtung durch die Gelübde von Armut, Keuschheit und Gehorsam und das Leben nach Ordensregeln. Theoretisch konnte jede ungebundene Frau Nonne werden, in der Realität waren die wohlhabenden und adeligen Frauen jedoch die einzigen, die ins Kloster kamen. Frauen aus den niedrigeren Schichten konnten höchstens Laienschwester oder Magd werden. Die hauptsächliche Ursache für die Exklusivität von Frauenklöstern lässt sich unschwer erraten: Alle Mädchen hatten de facto eine Mitgift abzuliefern, obwohl dies laut Kirchengesetz nicht zur Bedingung gemacht werden durfte; doch ließ sich dieser Brauch nicht ausrotten. Der erforderliche Betrag war allerdings für die ärmeren Schichten nicht aufzubringen.

Neben dem Zustrom von Frauen, die sich aus religiösen Gründen oder als Alternative zur Ehe fürs Kloster entschieden, wurden bei den frommen Schwestern uneheliche, verwachsene oder geistig zurückgebliebene Töchter abgeliefert. Dazu gab es eine Vielzahl von Frauen, die aus religiöser Furcht vor der Sünde des Fleisches nicht heirateten. Auch eine Vielzahl von Witwen zog das Ablegen von Gelübden einer Wiedervermählung oder einem Witwendasein in der weltlichen Gesellschaft vor; daneben hatten Klöster Zuzug von Seiten verheirateter Frauen, die sich im Einvernehmen von ihren Männern getrennt hatten. Für Frauenorden galten meist strenge Klausurvorschriften zum Schutz der Frauen vor den Versuchungen der Welt, besonders vor Gewalttätigkeit und sexuellen Übergriffen. Die Leitung des Klosters lag in den Händen einer Äbtissin. Nonnen hatten keinen persönlichen Besitz. Ihr Tageslauf war vom Wechsel des Stundengebets mit Haus- und Handarbeit bestimmt. Im Christentum war die Frau ausgeschlossen vom Altardienst, sie konnte weder das Sakrament der Priesterweihe empfangen, noch priesterliche Funktionen erfüllen. Auch die Predigt selbst blieb ihr untersagt.

Die Kanonisse

Ein religiöses Leben, das keine Unterwerfung unter die strenge Lebensweise der Nonnen verlangte, konnte eine Frau als Kanonisse führen. Schon im Frankenreich gab es „sanctimoniales“, Frauen, die in einer Gemeinschaft mit religiösen Pflichten lebten, aber ohne Gelübde. Für die Zeit der Zugehörigkeit zur Gemeinschaft war Keuschheit geboten. Kanonissen konnten über persönlichen Besitz verfügen und eigene Räume, ja sogar Dienerinnen innerhalb des Klosters haben. Doch waren auch sie der Äbtissin gegenüber zum Gehorsam verpflichtet. Später entwickelten sich daraus die so genannten Stifte.

Aus der Vita Radegundis

„Immer war sie um Frieden besorgt, sorgte sich um das Wohl des Vaterlandes, da nun mal die Königreiche untereinander erschüttert wurden; und weil sie alle Könige liebte, betete sie für das Leben aller und lehrte uns, ohne Unterbrechung für deren Standhaftigkeit zu beten. Wenn sie hörte, dass Bitterkeiten zwischen ihnen bestanden, zitterte sie ganz und richtete genauso viele Briefe an den einen wie an den anderen, damit sie untereinander keinen Krieg und keinen Kampf ausfochten, sondern Frieden schlössen und das Vaterland nicht zugrunde ginge."

Radegunde von Poitiers

Der Beginn eines stabilen und dauerhaften weiblichen Klosterwesens liegt im 6. Jahrhundert. Die wichtigste Vertreterin der spätantiken Phase ist Radegunde (ca. 520–587) von Thüringen, Gefangene und spätere Ehefrau des Merowingers Chlothar I. Nach der Ermordung ihres Bruders durch ihren ungeliebten Ehemann verließ Radegunde diesen und stiftete das Kloster Sainte Croix in Poitiers, dessen Äbtissin sie auch wurde. Hier lebte sie mit etwa 200 Nonnen, zu deren geistlicher Betreuung sie Mönche ansiedelte. Zu ihrer eigenen Ermunterung holte sie den Dichter Venantius Fortunatus in ihr Kloster; er sollte ihr Freund und Biograf werden. Unter ihrer Leitung wurde das Kloster zu einem Zentrum spätantiker Bildung und Dichtung, aber auch christlicher Gesinnung. Radegunde übernahm die Klosterregel des Cäsarius von Arles (470–503), die älteste bekannte Regel. Kennzeichen seiner „ regula ad Virgines" ist die absolute „stabilitas loci", ein besonders strenges Klausurgebot. Die Nonnen durften bis zu ihrem Tod das Kloster nicht verlassen. Begründet wurde diese strenge Regel durch die Schutzbedürftigkeit der Frauen in einer gewalttätigen Umwelt.

Alle Klostermitglieder waren gleichwertig, unabhängig von ihrem gesellschaftlichen Rang; alle mussten sich abwechselnd mit der Hausarbeit befassen. Alle Nonnen schliefen gemeinsam in einem Schlafsaal, dem „dormitorium", keine durfte ein eigenes Zimmer oder einen eigenen Schrank besitzen. Die Schriften von Venantius beweisen allerdings, dass Radegunde diese Regeln keineswegs vollständig einhielt. Sie führte zwar ein asketisches Leben und verrichtete die niedrigsten Arbeiten, aber sie hatte ein eigenes Schlafzimmer und eine „ancilla", eine Magd. Auch hielt sie das

Klausurgebot nicht ein und versuchte, politische Vorgänge zu beeinflussen. Kranke wie Aussätzige machten ihr keine Angst, ganz im Gegenteil: Sie küsste sie. Auf die Frage einer Begleiterin „Wer wird dich küssen, wenn du solche küsst?", soll sie geantwortet haben: „Wenn du es nicht tust, macht mir das keine Sorge." Im Sommer 587 starb die thüringische Königstochter im Alter von fast 70 Jahren im Kloster als „große, weise Frau" des christlichen Glaubens mit der Aura einer Heiligen.

Gertrud von Nivelles

Die wichtigste Vertreterin der iro-fränkischen Klosterkultur ist Gertrud von Nivelles (626–659). Um die Wende vom 6. zum 7. Jahrhundert brachten die Iren, Columban (521–597) und seine Gefährten, neue Impulse ins Land. Die Klosterregel des Columban wurden von vielen Klöstern angenommen, so auch vom Frauenkloster in Nivelles (Belgien). Hier lebte die fromme Gertrud (626–659), Tochter des fränkischen Königs Pippin der Ältere.

Die Hochzeit mit einem fränkischen Edelmann hatte sie schon als junges Mädchen abgelehnt und war stattdessen in das von ihrer Mutter Iduberg gegründete Kloster eingetreten. Im Jahr 652 wurde Gertrud dort auch Äbtissin. Sie galt als hochgebildete und belesene Frau und ließ sich des Öfteren geistliche Literatur aus Rom kommen, um sich weiterzubilden.

Zudem lud sie irische Mönche nach Nivelles ein, die den Schwestern dort die Heilige Schrift auslegen sollten. Sie gründete ein Spital für die Iren, und sorgte für die Wandermissionare – zur strengen Askese der irischen Mönche gehörte die Loslösung von Heimat und Familie. Geprägt von christlicher Nächstenliebe, lagen ihr vor allem die Ausbildung junger Mädchen und die Begleitung Kranker und Ster-

Brauchtum

Der Bauernkalender kennt für den 17. März die Weisheit: „Gertrud mit der Maus treibt die Spinnerinnen raus". Demnach wird ab dem Gertrudenfest wieder der Acker bestellt und die Arbeit im Inneren eingeschränkt. Menschen, die voneinander Abschied nahmen oder sich nach einem Streit wieder versöhnten, tranken früher gemeinsam die so genannte „Gertrudenminne". Wallfahrten zur heiligen Gertrud gibt es in den belgischen Orten Nivelles und Wetteren.

bender am Herzen. Ihr außerordentlicher Eifer für die Betreuung von Kranken, Witwen, Pilgern und Gefangenen ließ sie zur besonderen Patronin von Spitälern werden, die im Mittelalter , aber auch noch später, allenthalben ihren Namen trugen. Ihr Gebet vertrieb nach der Legende eine schwere Mäuse- und Rattenplage und rettete damit die Ernte in der Gegend; auch Mäuse, die sie beim andächtigen Spinnen störten, verscheuchte sie.

Bei dem Iren Ultan fragte Gertrud an, wann sie sterben werde. Er nannte ihr als Todestag den 17. März, den Festtag des Nationalheiligen Irlands Patrick. Tatsächlich starb Gertrud an einem 17. März im Alter von nur 32 Jahren.

Statue der heilige Lioba am Hochaltar der Stadtkirche St. Martin (Thomas Buscher, 1916).

Lioba von Tauberbischofheim

Wie Gertrud mit dem irischen Brauchtum umging, so war Lioba (710–782) mit der angelsächsischen Tradition verknüpft. Lioba, einziges Kind ihrer Eltern, lebte als Nonne außer in Wimborne auch im Kloster Thanet, dessen hochgebildete Äbtissin sie in der Dichtkunst unterwies.

Mit 30 Gefährtinnen übernahm Lioba bald als Äbtissin das Kloster in Tauberbischofsheim. Dieses Amt wurde ihr von Bonifatius übertragen. Es wurde zum Ausstrahlungspunkt für andere kleine Klöster, deren Oberäbtissin Lioba blieb. Aebbe, die Mutter von Lioba, soll schon alt gewesen sein, als sie sich immer noch ein Kind wünschte. In einem Traum sah sie, wie in ihrem Bauch eine Glocke läutete. Dies wurde ihr als Zeichen für die Geburt Liobas gedeutet. Deshalb wird Lioba bis heute immer mit einer Glocke in der Hand dargestellt.

Pilgerblatt (Auszug) mit Adelheid von Vilich vor den Wallfahrtsstätten in Pützchen und Vilich.

Nachdem Lioba früh in Klosterschulen erzogen wurde, wurde sie schließlich selbst Nonne. Eines Nachts hatte sie einen Traum, in dem ihr ein roter Wollfaden aus dem Mund kam. Er wurde so lang, dass sie ihn kaum noch zu einem Knäuel aufwickeln konnte. Eine ältere Ordensschwester deutete diesen Traum als Zeichen für die große Gottesliebe, die Lioba weiterschenken soll. So machte sie sich auf den Weg, mit Bonifatius die Germanen zu missionieren. Es wird von ihr berichtet, dass sie ein großes Gewitter und einen Sturm durch ihr Gebet gestillt habe. Bestattet wurde Lioba zunächst in der Klosterkirche der damaligen Benediktinerabtei Fulda nahe dem Grab von Bonifatius. 836 wurde nahe Fulda das Nebenkloster St. Peter geweiht und die Gebeine der Lioba wurden dorthin übertragen; die Kirche wird im Volksmund „Liobakirche" genannt. Im Bauernkrieg wurde das Kloster mehrfach angegriffen, Liobas Reliquien wurden damals zu deren Schutz ins Kloster nach Fulda zurückgebracht. 1995 wurde das Haupt der Lioba wieder in die Liobakirche überführt.

Adelheid von Vilich

Adelheid (970–1018) war die Tochter des Grafen Megingoz von Geldern und dessen Frau Gerbera aus dem Haus Lothringen. Erzogen wurde Adelheid im Stift St. Ursula in Köln. Als ihr einziger Bruder 978 im Böhmenkrieg fiel, gründeten die Eltern von seinem Erbteil das Benediktinerinnenkloster in Vilich – heute Stadtteil von Bonn –, dessen erste Äbtissin Adelheid wurde. Nach dem Tod ihrer Schwester Bertrada wurde sie deren Nachfolgerin als Äbtissin des Klosters St. Maria im Kapitol in Köln und enge Vertraute von Erzbischof Heribert.

Adelheid war eine Wohltäterin für die Armen und Notleidenden im Rheinland. Die Überlieferung berichtet, wie sie während einer furchtbaren Dürre das Dorf Vilich besuchte und ihre Gaben an die hungernden Menschen austeilte; weil die Leute sie anflehten, sie vom Unglück zu befreien, schickte sie Stoßgebete zum Himmel und stach mit ihrem Stab zu; da schoss ein Wasserstrahl aus dem Boden. Die Menschenmenge stürzte sich auf das kühle Nass.

Möglich ist, dass die kluge und gebildete Äbtissin ganz bewusst in Pützchen bei Vilich nach Wasser gesucht hat, weil sie ahnte, dass sich Wasser von den Ennerthängen über der Tonschicht des Pützchener Bodens gesammelt haben könnte. Das Wasser der Quelle bei Vilich, das „Adelheid-Pützchen", gilt als heilkräftig bei Augenkrankheiten und ist noch heute Ziel von Wallfahrten.

Bonifatius

Aus angelsächsischem Adel stammte Bonifatius (672–754), der Apostel der Deutschen, der 716 auf das europäische Festland ging, um die Heiden zu missionieren. Papst Gregor II. beauftragte ihn nach dreijähriger Tätigkeit in Friesland mit der Germanenmission und machte ihn 722 zum Bischof, 747 zum Erzbischof von Mainz. Bonifatius predigte im ganzen Land, zunächst in Thüringen und Hessen, später auch in Westfalen, Bayern und Württemberg. Er ließ Klöster und Kirchen bauen und gründete verschiedene Bistümer, darunter die heute noch bestehenden Diözesen Salzburg, Regensburg, Passau, Würzburg und Erfurt. Lioba von Tauberbischofsheim, die mit Bonifatius verwandt war und ihm ins Frankenreich gefolgt war, wurde von ihm zur Äbtissin des Klosters Tauberbischofsheim ernannt.

Gesellschaftlicher Wandel und Frömmigkeitsbewegungen

Im 12./13. Jahrhundert wurden die Städte Zentren der Kultur. Das klassische Kloster hatte als tragende Säule für Bildung ausgedient. Mit den neuen Hospital- und Bettelorden entstand der neue Typ des Stadtklosters, in dem sich eine völlig andere Art des Ordenslebens etablierte. Die Ordensbrüder und -schwestern waren nicht mehr an das Kloster gebunden, sondern konnten innerhalb ihres Ordens versetzt werden oder begaben sich auf Wanderschaft. Sie führten kein rein kontemplatives Leben, sondern wirkten im kirchlichen Dienst unter den Menschen und widmeten sich vor allem der Seelsorge, der Predigt und anderen kirchlichen Aufgaben. Frauen waren an dieser religiösen Erneuerungsbewegung, die weite Teile der Bevölkerung ergriff, wesentlich beteiligt.

Bild links: Kirchenfenster mit Bernhard von Clairvaux (1540).

Neue Orden und religiöse Lebensformen

Bereits im 11. Jahrhundert entstanden zahlreiche religiöse Gruppierungen, die zur „wahren“ christlichen Lehre zurückkehren wollten. Missstände in der Kirche und die starke Verweltlichung der Klöster waren Anlass für den Versuch einer Rückbesinnung. Im Verlauf des Mittelalters gab es eine Reihe von klösterlichen Reformen. Hier ist z. B. die Cluniazensische Reform, die jeden Laieneinfluss ausschaltete und eine enge Bindung an das Papsttum entwickelte, zu nennen. Sie bildete die Voraussetzung für den Machtanspruch des Papsttums im Mittelalter (Investiturstreit). Die Reform ging vom Benediktinerorden im burgundischen Cluny, Frankreich, aus. Überhaupt liest sich die Geschichte der Klöster als steter Wechsel zwischen „Verweltlichung“ und Reform im Sinne einer Rückbesinnung auf die Regeln. Der Grund für die immer vorhandene Gefahr von Missständen war besonders die Tatsache, dass der Eintritt in ein Kloster nicht immer (nur) aus religiösen Gründen erfolgte, sondern auch weltliche Motive wie politischer Machtgewinn und Einflussnahme (etwa von Adelsfamilien im Mittelalter), wirtschaftliche und soziale Absicherung

Abtei Cluny

Zu Beginn des 10. Jahrhunderts, als sich das abendländische Mönchtum in einer schweren Krise befand, waren alle Blicke auf Cluny gerichtet, wo ein Reformkloster entstand, das richtungweisenden Einfluss auf Religion, Kunst und Architektur des gesamten Abendlandes ausüben sollte. Cluny war 910 von Herzog Wilhelm dem Frommen von Aquitanien gegründet worden. Von grundsätzlicher Bedeutung für die Entwicklung des Klosters war die Tatsache, dass der Gründer auf seine Stifterrechte verzichtete und das Kloster dem Papst direkt unterstellte, womit es sich weltlichen wie auch geistlichen Einflüssen des unmittelbaren Umfeldes entziehen konnte. Dazu kam das päpstliche Recht, Tochterabteien zu gründen, die nur dem Kloster selbst unterstellt waren.

und Versorgung (etwa nicht erbberechtigter Kinder, die keine wirtschaftliche Grundlage für die eigene Familiengründung besaßen) oder Prestige- und Karriereziele eine Rolle spielten.

Im Hochmittelalter wuchs die Unzufriedenheit mit der Amtskirche. Die Diskrepanz zwischen dem realen Leben des Klerus (Verweltlichung, Reichtum, Sittenlosigkeit) und der wirklichen Lehre des Christentums wurde immer offensichtlicher. Die Reformbewegungen führten schließlich vom hierarchischen Denken, das allein dem Geistlichen den Vollzug des göttlichen Heilplans zubilligte, zu der Frage, ob nicht jeder einzelne Christ bzw. jede einzelne Christin durch die Gebote der Evangelien aufgerufen sei, das Leben unmittelbar nach den apostolischen Regeln auszurichten. Daraus ergab sich die Forderung, die Güter der Welt hinter sich zu lassen und ein armes, apostolisches Leben zu führen. Die Reformwelle, die eine Wiederherstellung ursprünglicher religiöser Ideale anstrebte, führte dazu, dass neue Orden entstanden, denen sich vor allem Frauen verstärkt zuwandten.

Die Zisterzienser: Leben von eigener Hände Arbeit

Die Zisterzienser gingen aus dem Benediktinerorden hervor. Anders als ihre Glaubensbrüder und -schwestern betonten Zisterzienser den Wert körperlicher Arbeit; das machte sie zu einer treibenden Kraft in der Landwirtschaft und zu Trägern der mittelalterlichen deutschen Ostsiedlung. Mutterkloster des Reformordens war Cîteaux bei Dijon (Frankreich), das auf Basis der streng ausgelegten Benediktinerregel 1098 von Robert de Molesme gegründet wurde.

Ein wesentlicher Anlass zur Ordensgründung war im wenige Kilometer entfernten Cluny zu finden. Die dortige Benediktinerabtei hatte durch Spenden und Erbschaften ein großes Vermögen und weite Ländereien erworben. In dieser mächtigen Abtei – mehrere Päpste gingen aus den Reihen ihrer Mönche hervor – spielte die Liturgie eine herausragende Rolle: stundenlange Gottesdienste und feierliche Prozessionen waren an der Tagesordnung. Durch Prachtentfaltung und Reichtum war die ursprüngliche Einfachheit der klösterlichen Lebensweise und das Ideal, von eigener Hände Arbeit zu leben, jedoch hinfällig geworden. Eine Rückbesinnung auf die ursprünglichen Werte schien nötig. Die neue Gemeinschaft der

Abbildung des Mutterklosters Citeaux aus dem Handbuch der französischen Architektur des 11. bis 16. Jahrhunderts.

Zisterzienser unterwarf sich dem Ziel, streng nach der Ordensregel des Benedikt von Nursia zu leben. Einnahmen aus Verpachtung und Zinsen sowie die Erhebung des Zehnten (Abgabe der Bevölkerung) lehnten sie ab. Abgeschiedenheit von der Welt und Einfachheit der Lebensweise waren Grundideale der Reformgruppe.

Unter Abt Bernhard von Clairvaux begann der eigentliche Aufstieg des Zisterzienserordens. Durch Predigt, persönliches Vorbild und theoretische Vorgaben zum Klosterbau wurde er zum eigentlichen Ordensvater. Unter Bernhard wurden in ganz Europa Hunderte neuer Klöster errichtet; auch viele ehemalige Benediktinerabteien schlossen sich der Reformbewegung an.

Ordensvater Bernhard von Clairvaux

Als drittes von sieben Kindern einer burgundischen Adelsfamilie wurde Bernhard um 1090 auf dem Familiensitz in Fontaines-lès-Dijon geboren. Gemeinsam mit vier seiner Brüder trat er 1112 in das Reformkloster Cîteaux ein (als Reformorden wurde eine neue Form des Mönchtums bezeichnet, die sich von Italien aus in Europa durchgesetzt und als Ziel die religiöse Idee der Armut Christi verfolgt hat). 1115 wurde er mit zwölf weiteren Mönchen nach Clairvaux bei Troyes geschickt, um dort ein neues Kloster aufzubauen, welches er als Abt leiten sollte. Als „zweiter Stifter" des Zisterzienserordens gilt Bernhard vor allem auch deshalb, weil er von Clairvaux aus noch rund 70 weitere Klöster gründete. Bei den Mächtigen in Kirche und Welt war er ein gefragter Gesprächspartner und Berater. Als Kopf des damals führenden Ordens verstand es Bernhard, Einfluss auf Päpste und Könige zu nehmen. Ihn drängte es, an den Machtkämpfen und geistigen Auseinandersetzungen seiner Zeit teilzuhaben. Einen besonderen Namen machte er sich als Prediger während der Kreuzzüge. Besonders seine erste Kreuzzugspredigt 1146 in der Basilika von Vézelay beeindruckte die versammelten Edelleute und König Ludwig VII. Deswegen traf es Bernhard sehr schmerzlich, dass dieser Kreuzzug drei Jahre später scheiterte.

Innere Sammlung in Demut, dann Versenkung und Hingabe, schließlich Ekstase bestimmten Bernhards Weg zu Gott. Seine subjektive Mystik bzw. Spiritualität, in der eine neuartige persönliche Beziehung zu Gott, ein individuelles Verhältnis zu Christus zutage trat, passten zur allmählichen Entfaltung der Individualität im Hochmittelalter. Im Alter von 63 Jahren starb der große Kirchenmann und Kreuzzugsprediger 1153 an einer Magenkrankheit. Das Grab ist heute nicht mehr vorhanden, sein Haupt jedoch ruht seit 1813 in der Kathedrale von Troyes. 1830 wurde Bernhard von Clairvaux durch Papst Pius VIII. zum Kirchenlehrer erhoben.

Frauenklöster der Zisterzienserinnen

Der Abt von Cîteaux besaß die Oberhoheit über die Frauenklöster und konnte entsprechende Anordnungen treffen. Nach mehreren Kontroversen hinsichtlich der Aufnahme von Frauen trat zwischen 1190 und 1210 ein Umschwung zu Gunsten

Das Kloster von Clairvaux – heute ist hinter den alten Mauern eine Strafanstalt.

Klara von Assisi suchte die radikale Nachfolge Christi – Fresko von Simone Martini, Kapelle der Unterkirche der Basilika San Francesco in Assisi (14. Jahrhundert).

der Frauenkonvente ein. Frauen traten daraufhin verstärkt in den Zisterzienserorden ein. Während der ersten Jahrzehnte des 13. Jahrhunderts erlebte der weibliche Ordenszweig der Zisterzienser seine Blütezeit. Die Zahl der Frauenklöster überstieg bald die der Männerklöster. So gab es im 13. Jahrhundert insgesamt 526 Frauenklöster, die nach der zisterziensischen Regel lebten, davon 318 in Deutschland, 139 in Frankreich und 69 in den heutigen Beneluxländern. Die Frauen waren in ihrer Frömmigkeit stark religiös motiviert. Die Zisterzienserinnenklöster bewahrten sich im 13. Jahrhundert strenge Abgeschiedenheit, waren also idealer Boden der religiösen Frauenbewegung jener Zeit. So ist es kein Wunder, dass Frauen zu jener Zeit sehr häufig mystische Erfahrungen machten.

Die Prämonstratenser

Der Prämonstratenserorden wurde im Tal von Prémontré bei Laon von Norbert von Xanten (1082–1134), der zunächst als Wanderprediger umhergezogen war, als Reformorden mit streng asketischer Lebensweise gegründet. Schon 1121 führte Norbert den Orden in Deutschland ein. Zunächst wurden auch Frauen in Doppelklöstern aufgenommen. Der Frauenkonvent unterstand einer Priorin, die Gesamtleitung hatte ein Abt. Nach 1140 wurden jedoch die Frauenkonvente aus diesen Doppelklöstern ausgesiedelt, doch sie verblieben unter der Oberhoheit der Männerklöster. Nach dem Tode Norberts untersagte die Ordensleitung die Gründung neuer weiblicher Klöster, viele fromme Frauen wandten sich deshalb in der Folgezeit den Zisterziensern zu.

Im flämischen Raum waren Beatrijs von Nazareth (siehe Seite 80) und Ida von Nivelles berühmte Ordensmitglieder, ursprünglich Beginen, im Kloster Helfta die Mystikerinnen Mechthild von Hackeborn und Gertrud die Große (siehe Seite 89).

Bettelorden: Franziskaner und Dominikaner

Die Frömmigkeit, die von der Erneuerungsbewegung der Reformorden, insbesondere von den Zisterziensern im 12. und den neuen Bettelorden im 13. Jahrhundert ausging, erfasste weite Teile des Adels und des aufstrebenden Stadtbürgertums. Vor allem Frauen, wie die prominenten Beispiele der heiligen Elisabeth von Thüringen, der heiligen Klara von Assisi oder der großen Mystikerinnen im 13. Jahrhundert zeigen, drängten nach Teilhabe am religiösen Leben und strebten eine möglichst radikale Nachfolge Christi an. Ergriffen vom neuen Ideal der Armut und Askese waren sie bereit, ihre bisherigen sozialen Bindungen aufzugeben und ihre Vorstellung eines christlichen Lebens in karitativer Fürsorge oder in Abkehr von der Welt in strenger Klausur und mystischer Selbstsorge zu verwirklichen.

Die Suche nach einem religiösen Leben in der Nachfolge des „armen, nackten Christus" führte zu Beginn des 13. Jahrhunderts auch zur Entstehung der Bettelorden der Franziskaner und Dominikaner. Ihr Ziel war es, kollektive Armut zu leben, ihr Programm radikal. Die Nachfolge Christi sollte durch Betteln und Arbeit, aber auch durch die Predigt verwirklicht werden. Seit etwa 1220 zogen nach dem Vorbild des Kaufmannssohnes Giovanni Bernardone, des heiligen Franziskus von Assisi (1181/82–1226), und des heiligen Dominikus de Guzman (1170–1221) Franziskaner und Dominikaner als Bußprediger durch das Land, besonders durch die Städte. Sie erhielten großen Zulauf von Frauen, die ihr Ideal eines Lebens in Armut und Buße verwirklichen wollten.

Dominikus: Im Dienst gegen die Ketzerei

Dominikus de Guzman galt als außerordentlich großzügig und soll während einer Hungersnot im Jahr 1191 seinen gesamten Besitz verkauft haben, um die Armen zu unterstützen. Um das Jahr 1196 wurde er zum Kanonikus an der Kathedrale von Osma (Kastilien) berufen und wirkte schon wenig später entscheidend an innerkirchlichen Reformen vor Ort mit. 1203 begleitete er seinen Vorgesetzten, den Bischof Didacus von Acebes, zu einer Mission nach Rom. Auf dem Rückweg erfuhr er erstmals von den Ausmaßen des kirchlichen Amtsmissbrauchs und der albigensischen „Ketzerei", einer in Südfrankreich weit verbreiteten Bewegung. Er beobachtete, dass das hohe Bildungsniveau und die straffe Organisation der Albigenser wesentlich zu deren Verbreitung beitrugen und beschloss, die Arbeit der katholischen Priester von innen heraus mit den gleichen Methoden zu stärken. In Prouille bei Toulouse bezog Dominikus mit einigen Gleichgesinnten ein Haus, zu dem eine Kirche gehörte. Hier widmeten sie sich ausschließlich der Buße, dem Lernen und der Verkündigung. Diese Missionsstation wurde 1217 von Dominikus in das erste Dominikanerinnenkloster umgewandelt. Im Jahr 1215 gründete er den Dominikanerorden, der 1216 von Papst Honorius anerkannt wurde.

Die Bekehrung des heiligen Franz von Assisi

Giovanni Francesco Bernardone wuchs in behüteten Verhältnissen in Assisi auf. Auch als junger Erwachsener kannte er keine wirtschaftliche Not, sein Leben verlief ohne große Sorgen. Er meldete sich früh zum Militär und ließ sich zum Offizier ausbilden. 1201 beteiligte er sich an dem Städtekrieg zwischen Assisi und Perugia. Dabei geriet er in Gefangenschaft, die über ein Jahr dauerte. Während dieser Zeit erkrankte er so schwer, dass die Krankheit bei ihm eine Bekehrung zum christlichen Glauben bewirkte. Er beschloss, sein Leben radikal zu ändern und ein christliches, zurückgezogenes und genügsames Leben auf den Spuren von Jesus Chris-

Aus dem Sonnengesang

„Du höchster, mächtigster, guter Herr, Dir sind die Lieder des Lobes, Ruhm und Ehre und jeglicher Dank geweiht; Dir nur gebühren sie, Höchster, und keiner der Menschen ist würdig, Dich nur zu nennen. Gelobt seist Du, Herr, mit allen Wesen, die Du geschaffen, der edlen Herrin vor allem, Bruder Sonne, die uns den Tag heraufführt und Licht mit ihren Strahlen, die Schöne, spendet; gar prächtig in mächtigem Glanze: Dein Gleichnis ist sie, Erhabener. Gelobt seist Du, Herr, durch Schwester Mond und die Sterne. Durch Dich sie funkeln am Himmelsbogen und leuchten köstlich und schön."

Peter Paul Rubens: „Die letzte Kommunion des heiligen Franziskus von Assisi".

tus zu führen. 1205 kehrte Giovanni Francesco Bernardone nach Assisi zurück. Sein Entschluss zu einem christlichen Leben in Nächstenleben führte zum Bruch mit seinem Vater.

Franz von Assisi fing an, Leprakranke zu pflegen. Während einer Messe soll ihn 1208 eine Stimme aufgefordert haben, seinen Reichtum aufzugeben und in christlicher Nächstenliebe zu leben. Franz von Assisi begann zu predigen. Er suchte sich insgesamt zwölf Apostel. Sie wurden dann die ersten Brüder seines Franziskanerordens, dessen Oberhaupt er stellte. Im Jahr 1223 wurden die endgültigen Regeln des Franziskanerordens von Papst Honorius III. genehmigt. 1224 soll Franz 40 Tage lang gefastet haben. Im Anschluss predigte er auf dem Berg Alverno, dabei sollen die Wundmale Jesu Christi bei dem italienischen Mystiker und Prediger sichtbar geworden sein. Es war die erste überlieferte Stigmatisierung in der Geschichte.

Schon zu seinen Lebzeiten war Franz von Assisi ein berühmter Mann, wegen seines Lebens in Armut und der Umsetzung seiner Predigten. Durch sie wurde die Gründung vieler neuer Klöster veranlasst, die eine wichtige Bedeutung für Nächstenliebe, Armenpflege, Seelsorge und Predigt erhielten. 1225 entstand eine seiner bekanntesten Schriften, der „Sonnengesang", ein Gebet.

Klara von Assisi – eine radikale Gottsucherin

Klara (1193–1253) verstieß gegen Konventionen, ging ihren eigenen Weg, suchte individuelle Lösungen, passte sich nicht ein in vorgefertigte Formen. Der Orden der Klarissen wurde von ihr gegründet. Entzündet vom Beispiel des Franziskus lebte Klara (Chiara) ein Leben in Armut und Buße. Sie erwirkte dank ihrer Beharrlichkeit ein päpstliches Privileg für das strenge Armutsprinzip ihres Klosters San Damiano. San Damiano unterschied sich von anderen Frauenklöstern dadurch, dass es auf allen Besitz verzichtete und den Lebensunterhalt nur aus Almosen und eigener Arbeit bestritt.

Der Tod der heiligen Klara von Assisi (aus dem Codex Tennebach).

Papst Innozenz IV., der Klara kurz vor ihrem Tode besuchte, wollte sie schon bei ihrer Beerdigungsfeier heilig sprechen. So fasziniert war er – und mit ihm viele Zeitgenossen – von der starken Persönlichkeit Klaras, ihrer Gottesliebe und ihrer unbeirrbaren Treue zum Armutsideal.

Über 40 Jahre kämpfte Klara für dieses Ideal, zäh verteidigte sie es auch gegen jegliche Verwässerung durch die kirchliche Obrigkeit. So konnte Klara schließlich erst als Sterbende die ersehnte kirchliche Approbation ihrer Ordensregel entgegennehmen. Es war die erste Ordensregel in der Kirchengeschichte, die von einer Frau für Frauen geschrieben war. Sie weist erstaunlich demokratische Züge auf und betont die Eigenverantwortlichkeit einer jeden Schwester. Hierarchien im Sinne einer Über- und Unterordnung für ihre Frauengemeinschaft lehnte Klara entschieden ab.

Oft bezog sich Klara in ihrer Regel auf Franz von Assisi. Dieser hatte sie als junge Frau für das Armutsideal gewinnen können, und seitdem waren beide einander in tiefer Verbundenheit zugetan. Franz half Klara auch bei der abenteuerlichen Flucht aus ihrem reichen adligen Elternhaus. Gemeinsam gründeten sie die Frauengemeinschaft von San Damiano vor den Toren von Assisi. Klara war damals knapp 18 Jahre alt. Bis zu ihrem Tode mit 59 Jahren blieb sie in strenger Klausur an diesem Ort. Doch Klaras Ausstrahlung blieb trotzdem nicht auf die Klostergemeinschaft beschränkt.

Viele Frauen in Europa hörten von ihrer Lebensweise und ließen sich von ihr zu derselben Lebensform inspirieren, so auch die Königstochter Agnes von Prag. Klaras Briefe an sie bezeugen ihre Warmherzigkeit und ihre leidenschaftliche Liebe zu Gott. Beeindruckend waren auch Klaras Mut und unbedingtes Gottvertrauen in schwierigen Situationen. Einem Sarazenenangriff auf das Kloster im Jahre 1240 setzte sie entschlossen das Gebet entgegen. Genau so handelte sie, als ein Jahr später das kaiserliche Heer Assisi belagerte. Beide Male zogen sich die Angreifer jedoch sofort wieder zurück.

Agnes von Prag – für die Armen und Kranken

Mit Agnes (1211–1282) verband Klara von Assisi eine enge, innige Freundschaft, obwohl die beiden sich niemals persönlich begegnet waren. Agnes war die Tochter des böhmischen Königs Ottokar I., der sie noch als Kind mit Boleslaw von Schlesien verlobte und ihrer zukünftigen Schwiegermutter zur Erziehung überließ. So kam sie zu den Zisterzienserinnen ins Stift Trebnitz, dem heutigen Trzebnica in Polen. Als ihr Bräutigam starb, versuchte ihr Vater, sie dem zukünftigen Thronerben aufzudrängen, dem späteren Heinrich IV. Doch dann warben auch der deutsche

Aus dem zweiten Brief an Agnes von Prag

„Ich sage Dank dem Spender der Gnade, von dem jede gute Gabe und jedes vollkommene Geschenk, wie wir glauben, ausgeht, weil er Dich mit so großen Kennzeichen der Tugenden geziert und mit den Merkmalen solcher Vollkommenheit geschmückt hat, dass Du verdienst, des vollkommenen Vaters eifrige und vollkommene Nachahmerin zu werden, auf dass sein Auge in Dir nichts Unvollkommenes sehe. Dies ist jene Vollkommenheit, durch die der König selbst sich Dir im himmlischen Brautgemach zugesellen wird, wo er glorreich auf sternenumkränztem Thron sitzt, weil Du die Höhe irdischer Königswürde gering geachtet und das Anerbieten kaiserlicher Ehe zu wenig gewürdigt hast.“

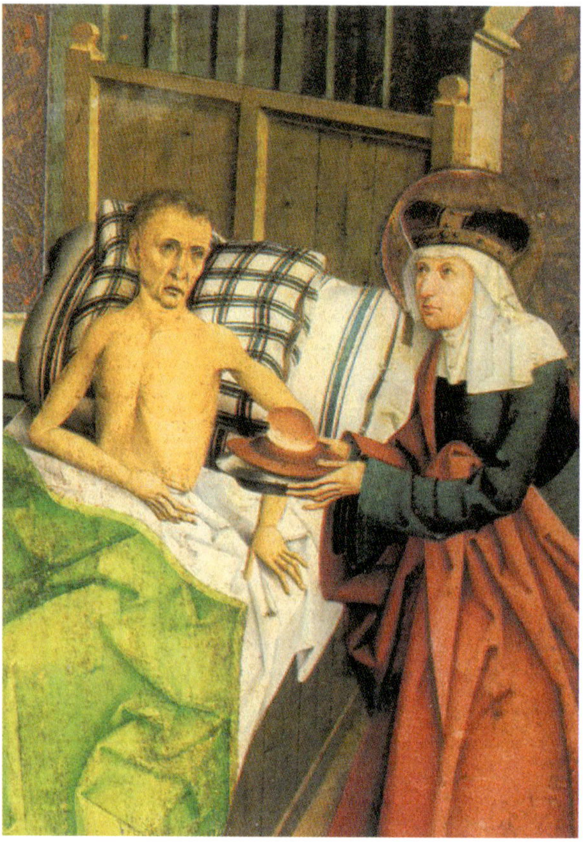

Agnes von Böhmen pflegt einen Kranken (Kreuzherren-Altar von 1482).

Kaiser Friedrich II. und der englische König um die böhmische Prinzessin und ihr Vater verlobte Agnes gegen ihren ausdrücklichen Willen mit dem deutschen Kaiser Friedrich II.; erst durch die Fürbitte des Papstes konnte sie Friedrich überreden, sie wieder freizugeben.

Nach dem Tod ihres Vaters im Jahr 1230 konnte die böhmische Prinzessin sich ihrem Hauptanliegen widmen – dem Leben für Gott und die Armen und Kranken. Sie gründete in Prag ein Spital für Arme, ein Franziskanerkloster für Männer und ein Klarissenkloster für adlige Frauen, wo sie später Äbtissin wurde. Sie bewirkte die Gründung des ersten Klosters der Kreuzherren mit dem Roten Stern, der einzigen böhmischen Ordensgründung. Agnes bemühte sich auch um Gründung eines Frauenordens nach den strengen Regeln der Franziskaner, ihr Vorhaben wurde jedoch vom Papst Gregor IX. nicht genehmigt. Aus Protest gegen die ihr unverständliche Entscheidung legte sie das Amt der Äbtissin nieder und nannte sich seitdem nur „Die ältere Schwester“.

Schon bald nach ihrem Tode wurde sie für eine Heilige gehalten und mehrere böhmische Herrscher versuchten vergeblich, sie auch tatsächlich kanonisieren zu lassen. Erst 1874 wurde sie selig, 1989 dann heilig gesprochen.

Im Sog ketzerischer Gegenbewegungen

Um das Jahr 1000 war die katholische Kirche groß, mächtig und reich. Weit hatte sie sich in den tausend Jahren vom besitzlosen Jesus und seinen Jüngern entfernt. Schon zu Beginn des 11. Jahrhunderts gab es erste Anzeichen einer Gegenbewegung gegen die erstarkende, „verweltlichte“ römisch-katholische Kirche. Zunächst traten in Frankreich, Italien, Flandern und Deutschland – hier vor allem in Köln – einzelne Wanderprediger und auch kleine Gruppen auf, welche die Menschen zur Umkehr riefen. Ihr Hauptanliegen war es, Jesus in christlicher Armut nachzufolgen und ein Leben wie die Apostel zu führen. Viele fromme Frauen schlossen sich den Laienbewegungen an, sie fühlten sich von ihnen und ihrer Moral angezogen, weil sie als ebenbürtige Mitglieder betrachtet wurden.

Das Leben der Apostel wurde zum Vorbild für viele religiös motivierte Menschen – hier eine Gruppe von Aposteln aus Troyes, um 1170–1180.

Große Anziehungskraft auf Frauen: Die Katharer

Katharer – der Name kommt vom griechischen „katharos“ (rein) – ist die Bezeichnung für eine der größten religiösen Laienbewegungen des Mittelalters. Den Namen gaben sich die Katharer übrigens nicht selbst. Sie nannten sich „Gute Christen“ oder „Gute Menschen“. Ihre Priester (sowohl Männer als auch Frauen) predigten in Volkes Sprache und erreichten damit weite Bevölkerungsschichten. Armut,

Bescheidenheit und Enthaltsamkeit (auch sexueller Art) galten als erstrebenswert und trugen zur Popularität der Bewegung bei, während die römisch-katholische Kirche aufgrund der Lebensweise vieler ihrer Funktionsträger abgelehnt wurde. Aus dem Wort Katharer wurde später auch die abwertende Bezeichnung Ketzer für alle Abweichler von einem herrschenden Glauben abgeleitet.

An Christus als Gottessohn und dessen Kreuzigung glaubten die „Guten Christen" nicht. Jesus war für sie ein Geistwesen, das Gott den Menschen gesandt hatte, um den gefallenen Seelen den Weg zurück ins Heil zu weisen. Kindertaufe und Ehe sowie alle anderen Sakramente der katholischen Kirche wurden ebenfalls rigoros abgelehnt. Zu ihren Geboten gehörten regelmäßige Gebete und regelmäßiges Fasten, sexuelle Enthaltsamkeit, absolute Gewaltlosigkeit sowie fleischlose Ernährung. Begründet wurde die Ablehnung von Fleisch damit, dass sich in den Tierkörpern die Seelen verstorbener Menschen aufhielten. Wer demnach ein Tier tötete, um es zu verspeisen, stand in der Gefahr, einen Mord zu begehen an einer Engelsseele, die in einem Tierkörper Zuflucht gesucht hatte.

Wer sich in dieser Weise der Welt und damit dem Satan nicht unterwarf, wurde „Vollendeter" oder „Vollendete" (perfectus oder perfectae). Die einfachen Anhänger der Sekte nannte man „Gläubige" oder „credentes". Sie brauchten keine be-

Bogomil

In der Mitte des 10. Jahrhunderts tauchte in Bulgarien ein Dorfpriester namens Bogomil auf, der Weltabgewandtheit predigte. Er stellte sich gegen die Kirche, da sie offen die Interessen der Herrschenden vertrat. Bogomil forderte ein Leben in Armut und Buße und fand schnell Anhänger unter den armen unterdrückten Bauern. Seiner Lehre zufolge gab es ein gutes und ein böses Prinzip, oder anders gesagt, eine gute und eine böse Gottheit. Die gute Gottheit hatte die unsichtbare, vollkommene Welt geschaffen; die böse Gottheit oder der Satan war der Schöpfer der Welt mit allem Sichtbaren und Körperhaften. Mitte des 12. Jahrhunderts begannen die Bogomilen außerhalb ihres Landes zu missionieren und drangen nach Serbien, Bosnien, Dalmatien und hinüber nach Italien und Frankreich vor. Von dort breitete sich die Lehre bis ins Rheinland und nach England aus. Die bogomilische Lehre war die Basis des Katharerglaubens.

Der Fall der Engel spielte im Glauben der Katharer eine bedeutende Rolle (geflügelter Engel von Leonardo da Vinci).

sonderen Gebote zu beachten, geschweige denn sich den strengen Regeln zu fügen, solange sie noch nicht die Geisttaufe, das so genannte Consolamentum, von den Vollendeten erhalten hatten. Diese Taufe mit dem Heiligen Geist, die durch Handauflegen erfolgte, verhieß Erlösung und ewiges Heil. Sie war das einzige Sakrament der Katharer und die rettende Macht, die Christus den Menschen durch seine Apostel übergeben hatte, für deren legitime Nachfolger sich die Vollendeten hielten.

Weitgehend gleichberechtigt: Die Vollendete

Bei den Bogomilen galt die Frau als dem Manne unterlegen und als das schlechthin Böse, denn der Satan hatte den Fall der Engel mit Hilfe einer schönen Frau bewirkt. Die Katharer hingegen hielten diese Einstellung angesichts des Zulaufs und der Unterstützung gerade vieler Frauen nicht aufrecht. Man kam zu dem Schluss, dass der Satan den Unterschied zwischen Mann und Frau geschaffen haben musste, denn die Engel im Himmel seien geschlechtslos. Somit dürfe dieser Unterschied in ihrer Kirche keine Rolle spielen. Frauen konnten infolgedessen auch Vollendete werden. Die weiblichen Vollendeten zogen predigend durchs Land und durften auch die höchste Weihe, die Geisttaufe, erteilen. Ihnen wurde dieselbe Erlösungsfähigkeit zugeschrieben wie den Männern. Sicherlich attraktiv für Frauen, wenn auch schwer, in diese Stellung zu gelangen. Und doch waren Frauen auch hier nicht gleichberechtigt. Bischof oder Gemeindevorsteher konnten sie nicht werden.

Die Taufe mit dem Heiligen Geist war einziges Sakrament der Katharer – hier das Pfingstwunder von Giotto di Bondone (1267–1337).

Überall im Land gab es Häuser der Perfekten, getrennt für Männer und Frauen. Es gab Ehepaare, die sich in Übereinstimmung trennten, um Vollendete zu werden, aber weiterhin Kontakt zueinander hielten. Nicht selten gründeten adlige Witwen auf ihren Besitztümern „religiöse Häuser“ (Domus). Sie lebten den Regeln gemäß keusch und enthaltsam.

Anders als die Nonnen in den Klöstern verschlossen sie sich allerdings nicht vor der Außenwelt. Diese Häuser waren offen für das gesellschaftliche und alltägliche Leben. Die Vollendeten hielten engen Kontakt zu ihren Familien und versorgten häufig die Enkel, die dann von ihnen im Sinne des Katharismus erzogen wurden.

Legendär – Esclarmonde de Foix

Besonders hoch verehrt wurde die Vollendete Esclarmonde, Gräfin von Foix. Sie soll sich bei einem Gespräch zwischen offiziellen Kirchenvertretern und Katharern in Pamiers 1207 mit sehr stichhaltigen Argumenten immer wieder in Diskussionen eingeschaltet haben und damit natürlich den Unmut der katholischen Kirche und der dort herrschenden Männer erregt haben. Ein Mönch soll daraufhin zu ihr gesagt haben: „Geht zu eurem Spinnrad, Herrin, es steht euch nicht zu, in einer solchen Versammlung zu sprechen.“ Doch anders als in der katholischen Kirche besaßen Frauen bei den Katharern das Rederecht. Die zwischen 1155 und 1160 geborene Esclarmonde (okzitanisch: Licht der Welt), Tochter des Grafen Roger I. von Foix, war eine sehr selbstbewusste, von ihrem Glauben überzeugte und gebildete Adlige, die es gewohnt gewesen sein dürfte, ihrer Meinung Ausdruck zu verleihen. Seit ihrer Geisttaufe durch den Bischof von Toulouse und nach dem Tod ihres Ehemannes 1204 leitete sie die Frauenhäuser in Pamiers. Bis heute kennt man sie in Südfrankreich als mythenbehaftete Figur, die den Typ der selbstbewussten adligen Perfecta repräsentiert. Sie wird auch als Esclarmonde die Große bezeichnet. Sie setzte sich dafür ein, die Mauern der Festung Montségur in Erwartung eines Feldzugs der römischen Kirche zu verstärken. Esclarmonde war keine Einzelerscheinung. Zu erwähnen sind unter anderem auch ihre Schwägerin Philippa de Foix und Beatrix, Gräfin von Toulouse, oder aber, aus niederem Adel kommend, Blancha von Laurac. Noch in der Spätphase des Katharismus in Südfrankreich spielten Frauen eine wichtige Rolle. Unter ihnen Guillelma, die Schwester des Schäfers Petrus Maurini, sie konnte zusammen mit ihrem Bruder und den Vollendeten vor ihrem gewalttätigen Ehemann nach Aragon fliehen: Der Perfectus Bélibaste bezeichnete sie als gute Gläubige, auch wenn sie manchmal streitsüchtig sei und freche Antworten gebe. Guillelma arbeitete als Botin und Führerin, bis sie in Toulouse auf einer ihrer Reisen inhaftiert wurde. Danach verlor sich ihre Spur.

Die Laienbewegung der Waldenser

Sind von ihren Inhalten her eine klassische Armutsbewegung, ähnlich den Franziskanern. Ursprünglich als Gemeinschaft religiöser Laien Ende des 12. Jahrhunderts durch den Lyoner Kaufmann Petrus Valdes in Südfrankreich gegründet, bil-

Albigenserkreuzzüge

Für die römische Amtskirche wurden die „Reinen“ bald zu einer äußerst bedrohlichen, alle sozialen Schichten ansprechenden Sekte. Nach ersten offiziellen Verurteilungen auf dem 3. Laterankonzil 1179, verschiedenen Predigtkampagnen und bischöflichen Strafverfolgungen initiierte Papst Innozenz III. 1209 schließlich die sich über einen Zeitraum von 20 Jahren erstreckenden Albigenserkreuzzüge. Der Begriff Albigenser ist ein Synonym für die Katharer, benannt nach der schon erwähnten Stadt Albi, die eines ihrer Zentren war. Über die Grausamkeit dieses Krieges ist viel geschrieben worden. Beispielhaft sei hier nur die Belagerung von Beziers im ersten Jahr erwähnt. Es wird berichtet, dass die geistliche Führung vor dem Sturm auf die Stadt gefragt wurde, wie man denn die Guten von den Bösen unterscheiden könne. Die Antwort lautete: „Erschlagt sie alle, Gott wird die Seinen schon erkennen!“ Ende des 13. Jahrhunderts war der blutige Prozess abgeschlossen, als Guilhelm Bélibaste, der letzte Katharer Südfrankreichs, auf dem Scheiterhaufen starb.

deten die Waldenser während des Mittelalters eine der bedeutendsten Gruppen abweichlerischer Christen. Valdes verschenkte nach einem Läuterungserlebnis sein Vermögen, organisierte um 1176/77 Armenspeisungen und hielt mit seinen Anhängern Wanderpredigten. Es kam unausweichlich zum Konflikt mit der katholischen Kirche, weil diese das Recht auf Predigt ihrem eigenen Klerus vorbehalten sah und weil die Freigabe des Predigtrechts an Laien die Kirche in ihrer Existenz grundlegend in Frage gestellt hätte. Valdes wurde 1182/83, nachdem er dem durch den Lyoner Erzbischof verhängten Predigtverbot nicht Folge leisten wollte, von diesem exkommuniziert und mit seinen zahlreichen Anhängern aus der Umgebung der Stadt vertrieben.

Die Waldenser verbreiteten sich danach zunächst in Südfrankreich und von dort aus in viele Gegenden Europas. Die frühen Anhänger, sowohl Männer als auch Frauen, verzichteten auf persönlichen Besitz, lebten vom Betteln, trugen einfache Gewänder und Sandalen und wurden deshalb in Südfrankreich als „Arme von Lyon“ bezeichnet. Auch bei den Waldensern, die zeitgleich mit den Katharern auftraten, hatten die Frauen ebenso wie die Männer das Recht zu predigen.

Die Guglielmiten – eine Häresie von Frauen

Neben den großen Laienbewegungen der Katharer und Waldenser gab es mehrere kleinere lokal wirkende Ketzergruppen. Besonders interessant ist die der Guglielmiten (Wilhelmiten), die zwar nur eine kleine Anhängerschaft besaßen, aber durchaus als Häresie der Frauen bezeichnet werden kann. Sie nannten sich nach einer Frau, nämlich Guglielma von Mailand, Wilhelma, Tochter der Königin Konstanze von Böhmen.

Die Kenntnisse ihrer Biografie beschränken sich leider auf wenige Daten: Sie wurde Pfingsten 1210 geboren, erschien in Mailand irgendwann zwischen 1260 und 1270 und starb dort am 24. August 1281. Man mutmaßt, sie sei eine Nonne gewesen, die sich versündigte (d. h. ein Kind bekommen hatte) und deshalb unerkannt nach Mailand flüchtete. Die Mailänder nannten sie Guglielma oder Guglielmina, auch Felice, Felicino, Felicina (die glückliche, glücklich machende Frau) oder Paraclitolo (kleiner Paracletos, griech. „Tröster“). Zu ihren Lebzeiten galt sie als fromme Frau, die Kontakte zur Zisterzienserabtei Chiaravalle in Mailand unterhielt. Sie führte ein bescheidenes, aber nicht durch besondere asketische Vorschriften geprägtes einfaches Leben. In ihrem für alle offen stehenden Haus wohnte sie allein. Um ihre Person versammelte sich jedoch eine Schar von Anhängern und

Freunden, Männer und Frauen, die ihrem Beispiel folgend sich mit unauffälligen braunen Gewändern bekleideten. Nach eigenem Wunsch wurde sie in Chiaravalle beigesetzt, wo sich ein lokaler Kult einstellte. Erst nach Guglielmas Tod bildeten ihre Verehrerinnen und Verehrer eine Gemeinschaft und entwickelten eine Gedankenwelt, die sie schnell in Konflikt mit der Kirche brachte. Im Zentrum der Lehre stand die Person der Verstorbenen, der eine menschliche und göttliche Natur zuerkannt wurde. Sie wurde als Inkarnation des Heiligen Geistes angesehen. In Analogie zu Christus wurde von ihren Anhängern bald nach ihrem Tod ihre Auferstehung und Himmelfahrt erwartet. Verbunden waren diese Vorstellungen mit neuen Heilserwartungen, der Bekehrung der Juden und Sarazenen, der Beendigung von Blutvergießen und Leiden, schließlich einer neuen aktiven Rolle des weiblichen Geschlechts. Die außerordentliche Vorstellung einer weiblichen Inkarnation Gottes verbreitete sich noch zu Guglielma Lebzeiten, sie selbst lehrte dies jedoch nicht.

Ein erster Inquisitionsprozess wurde 1284, ein zweiter 1296 gegen die Guglielmiten geführt. Aufgrund erhaltener Inquisitionsprotokolle weiß man, dass am 20. Juli 1300 durch den Inquisitor Guido da Cocconato 33 Mitglieder verhört wurden, darunter 21 Frauen. Es endete mit der Exhumierung und Verbrennung der Leiche Guglielmas und dem Feuertod von drei führenden Persönlichkeiten, u. a. Mayfreda, die Nachfolgerin Gugliemas. Mayfreda Pirovano predigte, lehrte und versah die Sakramente. Ihre Autorität rührte von der Tatsache her, dass sie für ihre Anhänger den in Guglielma inkarnierten Gott auf Erden repräsentierte. Sie wurde auch als Päpstin bezeichnet. Ihr gegenüber praktizierte man die Geste des Fuß- und Handkusses. Ihr Ziel: das römische Papsttum abzuschaffen und eine Frauenkirche zu errichten.

Die Anhänger Guglielmas warteten auf ihre Auferstehung und Himmelfahrt – hier „Christi Himmelfahrt“ von Jacobo Tintoretto aus dem 16. Jahrhundert.

Die Guglielmiten nahmen joachimitische Ideen wieder auf. Die apokalyptische Theologie des Zisterzienser-Abtes Joachim von Fiore (1135–1202) lieferte um 1200 die Grundlage für viele häretische Gruppen. Er verstand sich als Vorbote eines „Geistzeitalters", das auf die Zeit der Kirche als Reich des Sohnes folgen sollte.

Die Einbindung der Laien in das geistliche System

Die Frauenklöster der Reform- und Bettelorden waren trotz ihrer großen Zahl nicht in der Lage, alle Frauen, die nach einem religiösen Leben strebten, aufzunehmen. Zudem nahmen die Männerorden nur solche Frauenklöster in ihren Ordensverband auf, die über festen Grundbesitz oder anderes Vermögen verfügten, so dass die Versorgung des Klosters gewährleistet war. Die übrigen religiös motivierten Frauen suchten darum nach einem alternativen Weg, um ihre Ideale zu verwirklichen. Dem Streben vor allem von Frauen nach einem apostolischen Leben schien das Verbot des 4. Laterankonzils 1215, neue Orden zu gründen, zunächst die Möglichkeit einer kirchenrechtlichen Anerkennung zu verwehren. Grundlegend für alle Neuregelungen war die kirchliche Ständelehre, die den Verheirateten die Enthaltsamen und die Jungfrauen (Mönche und Nonnen) gegenüberstellte. Nur Geistliche hatten nach dieser so genannten Ordo-Lehre als „Vollkommene" das Recht zur direkten Nachfolge Christi im apostolischen Leben, als Nackte dem nackten Christus zu folgen. Die Laien als „Unvollkommene" hatten sich mit der Stellung der Helfer der Apostel zu begnügen. Letzteres galt auch für die Dritten Orden, die seit dem 11./12. Jahrhundert entstanden. Unter der Leitung eines Klosterordens und in seinem Geist strebten die Mitglieder nach christlicher Vertiefung in einer dem Leben in der Welt angepassten Weise. Die größte Verbreitung fanden die Dritten Orden der Franziskaner und der Dominikaner. Die Mitglieder der Dritten Orden, die bestimmte Verpflichtungen auf sich nahmen (Gebet, Werke der Frömmigkeit, der Nächstenliebe, des Apostolats), werden auch Terziaren genannt.

Papst Innozenz III. (1160–1216) war bestrebt, die religiösen Aufbruchsbewegungen und ketzerischen Laienbewegungen seiner Zeit in das kirchliche Gefüge einzubinden. Den religiös motivierten verheirateten Laien gestand er neue Wirkungsbereiche innerhalb der Kirche zu, indem er ihnen den Heilsweg der „Anfänger, die durch demütige Buße aufsteigen" zuwies. Die derart eingebundenen Laien wurden nicht nur auf eine strenge Sexualmoral, sondern auch auf wirtschafts- und sozialethische Grundsätze verpflichtet, die auf das Armen- und Sozialwesen einen entscheidenden Einfluss hatten. Eine Vielzahl von Laien schlossen sich in eigenen Häusern zu solchen Bußgemeinschaften zusammen.

Die heilige Elisabeth von Thüringen auf einem Fresko der Kirche San Francesco.

Religiös motivierte Frauen, die nicht in ein Kloster eintreten konnten oder wollten, bot sich bei den Terziarinnen eine Alternative zur Ehe an. Hierbei handelte es sich um eine Laienvereinigung, die nach einem christlichen Leben der Buße in Anlehnung an eine Ordensregel strebten – ohne Gelübde und Klausur, aber mit religiösen Verpflichtungen wie Gebet, Fasten und Werke der Nächstenliebe. Die erste derartige Initiative ging 1221 von Franziskus aus, der „Dritte Orden der Buße".

Um den Armen und Kranken zu dienen, haben Heilige wie Elisabeth von Thüringen und Katherina von Siena (siehe Seite 109) diesen Weg gewählt. Die Elisabethinen waren ein katholischer Frauenorden, der hauptsächlich in der Krankenpflege tätig war. Sie gehörten zur Familie der Franziskaner-Terziaren. Die Namensgeberin des Ordens war die heilige Elisabeth, die als Landgräfin von Thüringen bis 1227 auf der Wartburg lebte.

Grundsätzlich gilt, dass sich hinter den verschiedenen Ausdrucksweisen weiblicher Religiösität jener Zeit immer das gleiche Anliegen, der Wunsch frommer Frauen nach einer Teilnahme am geistlichen Leben im Sinne der Ideale christlicher Urgemeinden verbarg.

Beginen – fromme Frauen am Rand der Häresie

Wegen einer regelrechten Übersättigung der Klöster, denn als unverheiratete Frau hatten viele gar keine andere Überlebensmöglichkeit als diese Gemeinschaften, und dem Wunsch vieler Frauen nach einem autonomen, selbstständigen und gleichzeitig frommen Leben, entwickelte sich schließlich die Bewegung der Beginen. Zu Beginn des 13. Jahrhunderts bildete sich als Teil des allgemeinen religiösen Aufbruchs diese weibliche Lebensform heraus, die als Alternative zum Leben hinter Klostermauern sinnvoll erschien.

Frauen aller Stände wollten in Gemeinschaft mit anderen Frauen ein gottgefälliges Leben in „apostolischer" Armut und in Keuschheit führen, ohne aber wie Nonnen lebenslang in Klausur zu verbringen, ohne den vollständigen Verzicht auf weltlichen Besitz leisten zu müssen. Werte wie Bescheidenheit, Solidarität und religiöse Ernsthaftigkeit sollten wieder das Leben bestimmen. Beginen und ihr männliches Pendant, die Begarden, waren Menschen, die wie Mönche und Nonnen meist eine hohe religiöse Motivation hatten. Viele Mystikerinnen (siehe Seite 89 ff.) schlossen sich dieser Laienbewegung an.

Nach anfänglichen Widerständen und wohl auch, um nicht ganz die Kontrolle über die apostolische Bewegung in der Kirche zu verlieren, anerkannte Papst Innozenz III. auf dem Laterankonzil 1215 die Vereinigungen der Beginen als religiöse Laienwohngemeinschaften. Diese Anerkennung bedeutete einen gewissen Schutz vor Belästigung und Verfolgung. Doch schon 100 Jahre später wurde den frommen Beginen, den „Haushälterinnen Gottes", diese Anerkennung wieder entzogen. Die Kirche unterstellte ihnen eine Nähe zu häretischen Bewegungen. Als Häresie bezeichnete man im Mittelalter von der offiziellen Kirchenmeinung abweichende Lehren, so genannte Irrlehren oder Ketzerei.

Und obwohl den Beginen zu dieser Zeit keine bestimmte Ketzerei nachgewiesen werden konnte, regte sich allgemein sehr schnell der Verdacht, dass „die unstet schweifenden, noch immer nicht organisierten und den regulären Orden angeschlossenen Elemente der religiösen Armutsbewegung zu einer Gefahr für den rechten Glauben werden".

Wohnformen und religiöse Praxis

Rasch verbreitete sich in der ersten Hälfte des 13. Jahrhunderts die Lebensform der Beginen: in Flandern, Brabant, den nördlichen Niederlanden, in Deutschland, Frankreich, Italien und der Schweiz. Die deutschen Hochburgen waren die Städte Köln, Mainz, Worms, Trier und Würzburg. Die Frauen lebten in Konventen oder Höfen. Ein Beginenhof, wie etwa der in Brügge, bestand aus Häusern mit individuellen Wohnungen, die um einen Hof herum oder in mehreren kleinen Gassen angeordnet waren. Von der Umgebung war der Hof durch einen Graben oder eine hohe Mauer getrennt; durch ein Tor waren die Frauen mit der Außenwelt verbunden. Wie eine richtige Stadt besaß der Beginenhof eine eigene Kirche, die bisweilen volle Pfarreirechte besaß, manchmal aber auch von einem Priester aus der Umgebung versorgt wurde. In den meisten Höfen waren die Häuser Eigentum der darin lebenden Frauen. Man befolgte Regeln, doch gleichzeitig konnte jede einzelne Frau ihr eigenes Leben führen und allein für Erwerb und Unterhalt sorgen. Eine andere Form der Beginengemeinschaften waren die so genannten Konvente. Dort lebten die Beginen enger zusammen, hatten gemeinsame Wohn- und Gebetsräume und teilten ihr Einkommen. Diese unterschiedlichen Formen des Beginenlebens bedeuteten aber nicht, dass keine gemeinsame Entwicklung stattfand. Manche Konvente wurden im Laufe der Jahre zu Beginenhöfen, wenn es die wirtschaftliche Situation erlaubte.

Das fromme Leben der Beginen war aus Liebe zu Gott geprägt von einer tiefen Einfühlung in den leidenden Menschen. Als „Haushälterinnen Gottes" strebten sie ihrem Vorbild der Schwestern von Bethanien, Maria und Martha, nach, indem sie

Sprüche über die Seele

„Wisst ihr, was ich unter Béguinage verstehe? Das heißt, das Gewissen sehr streng bewahren, hingebende und demütige Zuneigung (zum Nächsten), sein Herz befreien von allem Unkraut, das dem Geiste großen Schaden zufügt, Gott fühlen im Gebet. Zwei Tränen der Reue, drei Tränen großen Mitleids wiegen allen Reichtum der Meere auf. Jedoch vermag niemand den Wert der Tränen der Hingabe zu schätzen, die oft in Gott ihre Wohnstätte findet." (Altfranzösisches Spruchgedicht über die Beginen, um 1300)

versuchten, das kontemplative Leben mit dem aktiven Leben zu verbinden. Ihr Tagesablauf war allerdings nicht so stark reglementiert wie das der Nonnen, ihre Gebetszeiten z. B. wurden flexibler gestaltet, zumal viele Beginen eine Arbeit außer Haus verrichteten. Eine Gelübde mussten die Frauen nicht ablegen. Die Beginen waren und blieben ungebunden, sie konnten ihre Gemeinschaft selbstbestimmt jederzeit wieder verlassen, und das taten sie gelegentlich auch.

Die starren und zugleich auch erdrückenden Hierarchien der mittelalterlichen Ständegesellschaft waren als Wille Gottes gedacht, ob Landesfürst, ob Magistrat, unhinterfragbar und selbstverständlich von Gottes Gnaden. Der Gedanke an Demokratie war im Mittelalter noch nicht einmal vage am politischen Horizont zu erkennen. Geradezu modern hingegen die Beginen: Die ranghöchste Begine der Gemeinschaft, die „Grande Dame“ oder Oberin, wurde von allen Mitfrauen gemeinsam gewählt. Eine Mitgift zum Eintritt in die Gemeinschaft (wie in den Klöstern) war nicht zwingend notwendig; denn eine Mitgift wurde an den Besitzverhältnissen der jeweiligen Interessentinnen bemessen.

Maria von Oignies

Maria von Oignies stammte aus Nivelles, wo sie 1177 oder 1178 als Tochter einer bürgerlichen Familie geboren wurde. Mit 14 Jahren heiratete sie auf Wunsch ihrer Eltern einen Mann namens Johannes. Maria fühlte sich aber für ein religiöses Leben berufen. Sie schaffte es, ihren Ehemann zu einem zölibatären Leben (so ge-

Die Arbeit der Beginen

Die Beginen waren wirtschaftlich unabhängig. Sie lebten in erster Linie von ihrer Arbeit, erhielten jedoch auch Spenden. Darüber hinaus brachten adlige und wohlhabende Frauen, die den Beginen beitraten, ihr Vermögen ein. Die Beginen übten erfolgreich pflegerische Tätigkeiten und Textilberufe aus, waren als Seidenweberinnen, Spinnerinnen und Wäscherinnen erwerbstätig und bestellten Gemüsegärten, buken Brot und brauten Bier. Ebenso widmeten sie sich der Pflege und Betreuung Kranker und Sterbender. Außer im handwerklichen Bereich waren sie auch in der Bildung aktiv. So versorgten und unterrichteten sie Kinder, dichteten, schrieben und übersetzten Texte.

Jacques de Vitry über die Beginen

„Diejenigen aber, die keine Klöster finden können, in denen sie aufgenommen werden, leben in einem einzigen Haus zusammen ... und unter einer einzigen Zucht, die sich vor den anderen durch Ehrenhaftigkeit und Vorsicht auszeichnet, werden sowohl Sitten als auch die gelehrten Dinge gelehrt, durch Nachtwachen und Gebete, in der Fastenzeit und anderen Bedrängnissen, durch Handarbeit und Armut, in Verachtung und Demut. Wir haben nämlich viele gesehen, die den Reichtum der Eltern verachteten, die adlige und mächtige Ehemänner, die sich ihnen anboten, zurückwiesen und in großer und glückverheißender Armut lebten und nichts anderes hatten, wenn sie nicht etwas durch Spinnen und mit der Arbeit ihrer eigenen Hände erwerben konnten, und zudem mit billigen Kleidern und bescheidenem Essen zufrieden waren.“

nannte Josefsehe) zu überreden. Zusammen mit ihm wandelte sie ihr Haus in Willambrouk in ein Hospital für Leprakranke um. Die beiden kümmerten sich aufopfernd um die Kranken und gaben den größten Teil ihres Vermögens für sie und andere Notleidenden aus. Später schloss sich Maria einem Kreis gleichgesinnter Frauen in Oignies an, den Beginen. In den letzten Lebensjahren zog Maria in eine Eremitenzelle nahe des Augustinerklosters in Oignies, wo sie bis zu ihrem Tod blieb.

In besagtem Kloster war damals auch Jacques de Vitry (später Kardinal und Erzbischof des Kreuzfahrerstaates von Akko) seelsorgerlich tätig. Er wurde Marias späterer Biograf und Freund und nannte sie seine „mater spiritualis“. Maria war mystisch veranlagt. Sie betete jeden Tag stundenlang, fiel häufig in Ekstase, hatte Schauungen und Visionen. Maria war geistliche Seelenführerin vieler Menschen. Sie kleidete sich nur in weiße Gewänder, aß kein Fleisch und fastete oft. Ihr asketischer Lebensstil und ihr aufopferungsvoller Einsatz für die Leprakranken setzten ihrer Gesundheit zu und so starb sie im Alter von gerade 36 Jahren am 23. Juni 1213 in ihrer Zelle. Maria von Oignies ist dank Jacques de Vitry eine der wenigen Beginen, von deren Lebensgeschichte und Schicksal wir wissen.

Das Konzil von Vienne, das von 1311 bis 1312 unter Papst Clemens V. stattfand, rückte die Semireligiosen, wie man die Beginen nannte, in die Verbindung zu Häretikern, etwa den Brüdern und Schwestern des Freien Geistes. Die Verurteilungen

Der Weg von der Verfolgung Andersdenkender mündete in der Hexenverfolgung und -verbrennung.

nahmen zu. In die Mühlen der Inquisition gerieten viele, die berühmtesten Beispiele waren die gelehrte Begine Marguerite Porete (siehe Seite 99) und die provenzalische Begine Prous Boneta. Nicht wenige von ihnen endeten dann schließlich auf einem der unzähligen lodernden Scheiterhaufen.

Das Konzil von Vienna machte erfolgreich Front gegen die Beginen: „Gewisse Frauen, die man gemeinhin auch Beginen nennt, können nicht als Ordensfrauen angesehen werden und nicht auf ihr persönliches Eigentum verzichten und keiner approbierten Regel folgen. Dennoch tragen sie ein ganz besonderes Gewand, das man als Beginentracht bezeichnet, und folgten bestimmten Ordensleuten, denen sie in besonderer Weise anhängen.

Nun aber ist uns in durchaus glaubwürdigen Denkschriften berichtet worden, dass einige von ihnen, als wären sie von Geistesverwirrung getrieben, über die Heiligste Dreifaltigkeit und über die göttliche Wesenheit diskutieren und sich verbreiten und dass sie über die Glaubensartikel und die Sakramente der Kirche dem katholischen Glauben widersprechende Meinungen ausstreuen.

In diesen Dingen täuschen sie viele einfache Leute und führen sie in die verschiedensten Irrtümer, sie selbst begehen unter dem Deckmantel der Heiligkeit noch viele andere Dinge, welche die Seelen in Gefahr bringen.

Nachdem Wir mehrfach über sie und andere solche ungünstigen Urteile gehört haben, halten Wir sie mit gutem Recht für verdächtig und glauben, mit Zustimmung des Heiligen Konzils, ihre Lebensweise verbieten und vollkommen aus der Kirche entfernen zu sollen. Wir machen diesen Frauen und noch anderen ausdrücklich unter Strafe der Exkommunikation, die sie sich selbst ipso facto zuziehen, zur Auflage, diese Lebensweise, der sie gewiss schon seit langem anhängen, aufzugeben und sie auch nicht in dieser oder jener anderen Weise wiederaufzunehmen.“

Um Verfolgungen zu entgehen, suchten viele Beginen engeren Kontakt zu Orden, vor allem zu den Dominikanern und Franziskanern. Eine ganze Zahl von ihnen gab ihr Beginentum auf und trat ins Kloster ein.

Prous Boneta

Prous Boneta, Na Prous genannt, war die Tochter von Durandus Bonetus aus der Diözese Nîmes. Seit ihrem siebenten Lebensjahr war sie in Montpellier, wo sie mit ihrer Schwester Alisseta und einer anderen Frau, Alaraxis, zusammenlebte. Dort wurden die drei Frauen unter Verdacht der Häresie ergriffen und nach Carcassonne gebracht, wo sie vor dem Inquisitionsgericht angeklagt wurden, der Ketzerei der Beginen anzuhängen. Während des Prozesses dürfte Prous ungefähr 30 Jahre alt gewesen sein. Am 6. August 1325 legte sie freiwillig ein Geständnis ab. Da sie nicht zum Widerruf ihrer Lehre bereit war, wurde sie von den Inquisitoren Heinrich von Chamay und Petrus Brun als Ketzerin verurteilt und dem weltlichen Arm ausgeliefert, was den Tod auf dem Scheiterhaufen bedeutete. Prous war einen gefährlichen Weg gegangen, als sie Papst Johannes XXII. angriff und ihn „Antichrist“ nannte. Sie selbst lehnte die Papstkirche radikal ab. Stattdessen propagierte sie die drei Zeitalter der Frauen: Eva stand für das Zeitalter des Vaters, Maria für das des Sohnes und Prous stand für den Heiligen Geist.

BRŮDER

Christliche Frauenmystik und -spiritualität

Mehr als in anderen Religionen haben Frauen seit dem Hochmittelalter in der Mystik eine Möglichkeit gefunden, sich persönlich mit ihren Gedanken und Erfahrungen einzubringen und zu artikulieren. Ihre visionären Über- und Gegenwelten, ihre Ekstasen und Verzückungen, ihr Leidensenthusiasmus, ihre Verletzungen und Erfüllungen scheinen von undurchdringlicher Fremdheit. Und dennoch ist unter der Schale ihrer ausschließlich religiösen Begriffs- und Bilderwelt deutlich das Ringen um weibliches Selbstbewusstsein zu erkennen. Unnachgiebig pochten mystische und spirituelle Frauen an die Pforten einer männlich bestimmten Lebenswelt. Das Menschenbild, das sie schufen – in welchem Frauen nicht untergehen, nicht diskriminiert oder abgeschoben werden – ist von ungeahnter Aktualität.

Bild links: Niklaus von der Flüe, Schweizer Einsiedler und Mystiker.

Einssein mit Gott – Unio mystica

Mystik, deren Faszinationskraft bis heute ungebrochen ist, bringt das Bedürfnis nach einer individuellen Gottesbeziehung zum Ausdruck. Es handelt sich um eine spezielle Frömmigkeitsform, die in allen Religionen verbreitet ist. Bezeichnet wird damit die unmittelbare Schau der Gottheit, welche die Kluft zwischen Mensch und Gottheit überwindet. Der Mystiker gelangt zur mystischen Einheit (unio mystica) mit Gott. Dem Wort „Mystik" liegt das griechische Verb „myein" (die Augen schließen) zugrunde, von dem das Adjektiv „mystikos" (mystisch, geheimnisvoll) und das Substantiv Mysterium (Geheimnis) abgeleitet sind. Christliche Mystiker erleben und verstehen ihre Erfahrungen, als geschehe in ihnen eine unvermittelte Begegnung mit Gott, Jesus Christus, Maria oder anderen Heiligen. Eine Erfahrung, die nur ihnen zuteil wird und sie überwältigt. Die Mystik ist gleichsam die Seele der Religion. Sie ist die Erfahrungsseite des Glaubens. In der Mystik geht es um die Entdeckung Gottes in der Seele, um die Durchdringung der menschlichen Person von der göttlichen Gegenwart und um die Vereinigung mit Gottes Willen und Wesen.

Die Anfänge

Christliche Mystik ist so alt wie die Kirche. Paulus wurde im 1. Jahrhundert durch eine direkte mystische Begegnung mit dem Auferstandenen zum Christen – und nicht durch menschliche Vermittlung. Er spricht von einer mystischen Erfahrung, wenn er sagt: „Nun lebe nicht mehr ich, sondern Christus lebt in mir" (Galater 2,20). Ähnlich zielt das Johannes-Evangelium auf die mystische Vereinigung der Christen mit Christus: „Ich habe ihnen die Herrlichkeit gegeben, die du mir gegeben hast", sagt Jesus in den „Abschiedsreden" des Evangeliums, „damit sie eins sind, so wie wir eins sind, ich in ihnen und du in mir." (Johannes 17,22, 23) Die Kirche wird bereits bei Paulus als „mystischer Leib" verstanden, in dem alle geheimnisvoll miteinander und mit Christus verbunden sind.

Mystische Erfahrungen männlicher Theologen

Die Einswerdung mit Gott war Ziel der mittelalterlichen Mystiker (Gott in Michelangelos Erschaffung von Sonne und Mond).

Für das frühe Mittelalter sind nur wenige Spuren mystischer Erfahrungen bekannt. Erst im 12. Jahrhundert begann die eigentliche Tradition und brach sich mit aller Macht Raum – hier ist vor allem die von Dionysius Areopagita (um 500) beeinflusste so genannte Erlebnismystik und die Liebesmystik des Bernhard von Clairvaux zu nennen, in der Jesus einen zentralen Platz einnahm. Für den Abt stand der Christ zu Jesus in einer Art Brautschaftsverhältnis, und er legte das Hohelied Salomons in diesem Sinne aus: „Während die Braut (der Christ) vom Bräutigam (Jesus) spricht, ist jener plötzlich da, gewährt ihre Bitte und gibt einen Kuss ..." Die liebende Verbindung zu Jesus wurde vor allem von der religiösen Frauenbewegung, insbesondere den Beginen aufgenommen. Mystikerinnen des 13. Jahrhunderts griffen zudem die Vorstellungen Bonaventuras (1221–1274) auf. Das Werk des Franziskaners „Reisebericht des Geistes zu Gott" war so einfach geschrieben, dass es leicht verständlich war. Anlass für dieses Werk war ein Besuch Bonaventuras 1259 auf dem Berg Alverna, auf dem der heilige Franziskus kurz vor seinem Tod die mystische Vision eines Engels mit sechs Flügeln hatte. Das Bild des Engels nahm Bonaventura zum Aufhänger für eine theologische Abhandlung über die Gotteserkenntnis.

Einer der bedeutendsten Mystiker des Mittelalters war Johannes Eckhart (1260–1328), auch Meister Eckhart genannt. Ihm ging es um unmittelbare, aus seinem Inneren aufsteigende Eingebungen. Eckharts Gottes-, Welt- und Seelenvorstellung, die von ihm propagierte radikale Abkehr von den äußeren Dingen, die Versenkung ins Innere etc. barg allerdings die große Gefahr der Weltflucht und Weltverneinung in sich.

Der Dominikaner Heinrich Seuse (1295–1366), ein begeisterter Schüler von Meister Eckhart, trug wesentlich zur Entwicklung der deutschen Mystik bei. Nach fünf Jahren im Konstanzer Kloster hatte der junge Heinrich seine erste Vision, ein inneres Gnadenerlebnis von nachhaltiger Wirkung. Von diesem Zeitpunkt an setzte sich Heinrich strengsten Kasteiungen aus: er geißelte sich und entzog sich selbst Nahrung und Schlaf. Mit einem glühenden Eisen brannte er sich den Namen Jesu Christ auf die Brust und trug eiserne Ketten an seinem Körper. Sein tief religiöses Leben brachte ihn in den Verruf, ein Häretiker zu sein, ein Vorwurf, von dem er sich zeitlebens nicht mehr lösen konnte. Sein „Büchlein der Wahrheit“ war ein beliebtes Andachtsbuch im Mittelalter.

Johannes Tauler (1300–1361), ebenfalls Dominikaner, kritisierte dagegen veräußerlichte Frömmigkeitspraktiken sowie die in seiner Zeit verbreiteten harten körperlichen Bußübungen. Seiner Ansicht nach kam es in erster Linie auf die innere Einstellung des Gläubigen an, während der äußere Vollzug von religiösen Handlungen nebensächlich war. Weitere Themen waren die tätige Nächstenliebe sowie die Berufsarbeit der Laien, die von ihm besonders hoch bewertet wurden. Systematische Schriften sind von Tauler nicht bekannt. Er wirkte vor allem durch seine Predigten – 84 sind überliefert. Seine Mystik war weniger spekulativ als vielmehr an den religiösen Ansprüchen des Alltags orientiert. Heilsgeschichte, Kirche und Bibel traten gegenüber der unmittelbaren Begegnung zwischen Gott und der gläubigen Seele eher in den Hintergrund.

Niklaus von Flüe (1417–1487) zählt zu den letzten bekannten spätmittelalterlichen Mystikern. Wegen des päpstlichen Schismas waren weite Teile der Schweizer Eidgenossenschaft exkommuniziert, was den Laienbewegungen lebhaften Aufschwung brachte. Bruder Klaus wurde vom Mystikerkreis des Klosters Engelberg und den Straßburger Gottesfreunden beeinflusst. Über ihn werden asketisches Fasten und ein Turmerlebnis in seinen Jugendjahren berichtet, sowie ein Lichterlebnis, das ihn endlich zur Heimkehr aus der Einsiedelei bewog. Neben seinen Sprüchen und Reimgebeten ist eine nicht von ihm verfasste, aber seine oder verwandte

Askese

Unter Askese (griech.: sich befleißigen) versteht man im Allgemeinen den Verzicht auf sinnliche Genüsse und Vergnügungen, um ein höherwertiges oder innerlich befriedigendes Ziel zu erreichen. In einem engeren Sinn versteht man darunter die religiös oder weltanschaulich motivierte Enthaltsamkeit, insbesondere den Verzicht auf Genuss von Rauschmitteln, das Fasten und die sexuelle Enthaltsamkeit. Die Askese soll der inneren Sammlung dienen, der bewussten Lenkung des Erlebens, Vorstellens, Denkens und Wollens auf wenige Inhalte. Sie ist in fast allen Religionen zu finden, besonders im Hinduismus und Buddhismus, aber auch im Christentum.

Worte wiedergebende volkstümliche Erbauungsschrift überliefert. Seine moralische Autorität machte ihn zum viel gesuchten politischen Ratgeber und Vermittler in schwierigen Streitfällen.

Auf dem Vormarsch: Radikale Nachfolgerinnen Christi

Die Ichbezogenheit der Frömmigkeit, die von den großen Reformorden, insbesondere den Zisterziensern und den neuen Bettelorden ausging, erfasste weite Teile des Adels und des aufstrebenden Stadtbürgertums. Vor allem Frauen waren religiös motiviert, drängten nach Teilhabe am religiösen Leben und strebten eine möglichst radikale Nachfolge Christi an. Sie waren gewillt, in Armut zu leben und dafür ihre Familien zu verlassen. Nichts wünschten sie sich mehr, als sich in einer Welt in strenger Klausur und mystischer Selbstsorge zu verwirklichen. Frauen waren in der Mehrzahl jenes Publikum, an das sich auch das Dreigestirn der deutschen Mystik – Meister Eckart aus Köln, Johannes Tauler aus Straßburg und Heinrich Seuse aus Konstanz – wandte. Doch waren die Frauen nicht nur passive Adressaten ihrer mystischen Predigt, sondern sie selbst haben eigene mystische Denkformen entwickelt. Die Mystik in all ihren Spielarten ist immer eine Antwort auf den

Mystikerinnen hatten oft Visionen vom Jesuskind (hier die Vorstellung im Tempel – ein Gemälde von Raffael aus dem Jahr 1502).

Werte- und Bewusstseinswandel, der sich in Umbruchzeiten ereignet – und ergriff Männer wie Frauen, Frauen waren jedoch in ganz besonderem Maße betroffen. Frauen waren es auch, die der mystischen Bewegung breite Resonanz und Popularität verschafften, und die mystische Spiritualität war es, in welcher sich jene breite Frauenbewegung ausdrückte, die sich seit dem Ende des 12. Jahrhunderts überall in Europa formierte.

Neues Selbstbewusstsein und neue Selbstständigkeit

Während männliche Mystiker meist einen Weg zurücklegten, in dem sie sich in Askese und Meditation aus der Welt zurückzogen und sich schließlich in nicht mehr erfassbarer Weise mit Gott oder dem Göttlichen vereinten, gingen die weiblichen Mystikerinnen davon aus, dass sich Gott bzw. Jesus und der einzelne Mensch direkt gegenüberstanden, um sich irgendwann liebevoll zu vereinen.

Die Religiosität der Frauen war gefühlsbetont, die visionäre Schau und die mystische Versenkung entsprachen ihrem Wesen mehr als dem der Männer. Mystikerinnen bewegten sich dabei oft an der Grenze zwischen Ketzerei und Heiligkeit; waren sie aber von der Amtskirche anerkannt – die wichtigste Voraussetzung war der unbedingte Verbleib innerhalb der christlichen Normen – wurden sie geehrt und hatten Privilegien wie kaum eine andere Frau jener Zeit. Sie mischten sich in die Kirchen- und Staatsführung ein und gaben Herrschern und Würdenträgern Anweisungen für ihr Handeln. Dies gilt in erster Linie für die Mystikerinnen Hildegard von Bingen, Katherina von Siena und Birgitta von Schweden, bei denen noch bestimmte Charaktereigenschaften dazukamen, wie Aktivität, Hartnäckigkeit, hohe Intelligenz und hohe Bildung. Andere Mystikerinnen blieben im privaten Bereich und entwickelten keine kirchen- und staatspolitischen Aktivitäten.

Seite aus dem „Liber Divinorum Operum", das Hildegard von Bingen zwischen 1163 und 1173 verfasste.

Der wichtigste Grund für die starke Position der Mystikerinnen war die Betonung des göttlichen Auftrags. Gott sprach durch sie; dieser Umstand zwang die Männer eines völlig durch den Glauben geprägten Zeitalters, sie ernst zu nehmen. Grundsätzlich war es Frauen im Mittelalter nicht erlaubt, Theologie zu betreiben. Deshalb bezogen sich die Autorinnen geistlicher Texte auf eine besondere Berufung durch mystische Erfahrungen, die sie ermächtigten, sich gleichsam als göttliches Sprachrohr zu äußern. In der Mystik gewannen Frauen eine Stütze für ihre individuelle Selbstständigkeit und ein neues Selbstbewusstsein. Die Visionen der Mystikerinnen waren subjektiv und emotional geprägt. Hauptthema mystischer Betrachtung war die Person Gottes in der Gestalt des leidenden Heilands am Kreuz. Mystikerinnen näherten sich ihm in der Vorstellung, seine Braut zu sein. Die dabei entstehenden erotischen Elemente haben eine lange Tradition. Bereits frühchristliche Denker hatten die Beziehung zwischen Mann und Frau auf das Verhältnis des Menschen zu Gott übertragen. Die Nonnen der damaligen Zeit führten eine spirituelle Ehe mit Jesus.

Bei den Mystikerinnen kam es oft zu einer Übersteigerung, die sich von der reinen Geistigkeit entfernte und meist zu schweren körperlichen Symptomen führte (Schmerzen, Lähmungen, Krämpfe). Mystische Erlebnisse begannen im Allgemeinen mit Träumen in der Nacht, es folgten Visionen beim Erwachen und anschließende schwere Krankheiten. Leiden, seelische und körperliche Qualen waren von größter Wichtigkeit. Sie galten als „mystische Werte" und wurden als unerlässlich für die seelische Befreiung idealisiert. Askese, Krankheit und Mystik waren eng verbunden. Mystikerinnen waren sehr oft krank, was wohl in der Übermäßigkeit ihrer Askese begründet war. Manchmal erschien Jesus auch als kleines Kind, mit dem man spielen und das man versorgen konnte. Diese Christkindvisionen lassen darauf schließen, dass der Verzicht auf Kinder für die Nonnen ein schweres, wenn auch uneingestandenes Opfer war. Interessant ist die Häufung der mystischen Erlebnisse bei den Dominikanerinnen, während sie bei den Benediktinerinnen dagegen nur selten anzutreffen waren.

Hildegard von Bingen: Mutige neue Impulse

Hildegard von Bingen wird oft an den Anfang der mittelalterlichen Frauenmystik gestellt, obwohl Historiker und Theologen sich nicht einig sind, ob sie überhaupt als Mystikerin oder eher als Seherin oder Prophetin zu bezeichnen ist. Ihre Ausführungen lassen auf den ersten Blick keine „unio mystica" erkennen, wie man sie speziell von Mystikerinnen – vom 13. Jahrhundert an wurde dies von den betroffenen Frauen immer als emotionales Geschehen ausführlich geschildert – erwartet. Andererseits ist Hildegard durchaus als Visionärin zu betrachten, deren innere Schauungen aber weniger dem eigenen mystischen Erleben als vielmehr der lehrhaften Unterweisung ihrer Zeitgenossen dienten. Dennoch aber berichtete sie davon, gelegentlich von einem „Lebendigen Licht" durchstrahlt worden zu sein, ein Augenblick, der mit einem unbeschreiblichen Glück einherging. Diese mystische Erfahrung deutete sie allerdings nur sehr verhalten an, mit nüchternen – keinesfalls überschwänglichen – Worten, was generell charakteristisch für Hildegards Schreibweise ist.

Hildegard wurde 1089 als Tochter des Edelfreien Hildebert von Bermersheim und seiner Frau Mechthild geboren. Sie hatte neun Geschwister. Im Alter von gerade einmal acht Jahren wurde sie von ihren Eltern als Oblatin in das Benediktinerkloster auf dem Disibodenberg in Bingen gebracht, wo sie zusammen mit einem anderen gleichaltrigen Mädchen der adligen Jutta von Sponheim (1090–1136) zur Erziehung anvertraut wurde. Jutta lebte als Inklusin, also als Einsiedlerin in der unmittelbaren Nachbarschaft des Männerklosters. Sie erzog Hildegard im Sinne der benediktinischen Regel zur Demut und Keuschheit und brachte ihr wohl auch elementare Kenntnisse des Lateinischen bei.

Rückenstärkung vom Papst

Zwischen 1112 und 1115 legte Hildegard ihre Gelübde ab; nach Juttas Tod 1136 übernahm sie deren Nachfolge als Leiterin der mittlerweile zum Nonnenkonvent angewachsenen Frauengemeinschaft und bezog nach heftigen Auseinandersetzungen mit dem Abt des Klosters 1151 ein von den Schwestern selbst erbautes Frauenkloster auf dem Rupertsberg bei Bingen. Dieses erweiterte sie 1165 mit einer Neugründung in einem leer stehenden Augustiner-Kloster bei Eibingen (in der Nähe von Rüdesheim). In den Zeiten des Widerstandes gegen die Eingliederung in die Klostergemeinschaft auf dem Disibodenberg – der Abt des Männerklosters leitete auch den Frauenkonvent – litt Hildegard phasenweise unter schweren, mit großen Schmerzen einhergehenden Krankheiten. Diese machten sie nach eigenen Aussagen monatelang bettlägerig, jedoch erholte sich letztlich immer dann, wenn sie ihr jeweiliges Vorhaben verwirklichen konnte.

Die Erlaubnis, mit ihren Schwestern auf den Rupertsberg ziehen zu dürfen, bekam Hildegard letztendlich wohl dadurch, dass ihre ersten Visionen vom Papst geprüft und für echt befunden wurden. So berichtete Hildegard selbst über ihren Heilungsprozess: „Eine Zeitlang waren meine Augen umdunkelt, ich vermochte kein Licht mehr zu sehen. Ich fühlte meinen Körper von einer derartigen Last nieder-

Zu lau und schlaff

Hildegards mystische Gottes-Schau wurde ihr nach eigenen Worten verliehen, weil die gelehrten männlichen Geistlichen zur Beobachtung der Gerechtigkeit zu lau und schlaff sind: „Erschließe ihnen (den männlichen Geistlichen) den Schatz der Geheimnisse, den sie selbst in ihrer Verzagtheit in einem entlegenen Acker, wo er keine Frucht bringt, vergraben haben. Ströme also als wallender Quell so weit und ergieße dich so in mystischem Wissen, dass diejenigen, die dich wegen Evas Fehltritt als verächtlich hinstellen, von der Flut überwältigt werden, die von dir ihren Ausgang nimmt.“ (aus: Wisse die Wege)

gedrückt, dass ich mich nicht erheben konnte, und lag mit heftigen Schmerzen danieder. Dies erlitt ich deshalb, weil ich die Schau, die mir gezeigt worden war, nicht offenbaren wollte: dass ich von dem Ort, wo ich Gott geweiht worden war, zusammen mit meinen Schwestern an einen anderen Ort ziehen sollte. Das erlitt ich solange, bis ich meinen jetzigen Wohnort (Rupertsberg) angab. Sofort erhielt ich die Sehfähigkeit zurück, fühlte mich zwar erleichtert, doch war ich von der Schwäche nicht völlig befreit."

Sehen im „Wachzustand"

Um 1160 unternahm Hildegard eine erste Predigtreise nach Mainz, Wertheim, Würzburg, Kissingen, Ebrach und Bamberg; eine zweite folgte dann nach Trier und Metz, schließlich unternahm sie sogar kürzere Schiffsreisen nach Boppard, Andernach, Siegburg und Köln, zuletzt gelangte sie nach Maulbronn, Hirsau, Kirchheim und Zwiefalten. Auf jeder Reise predigte sie vor großen Volksmengen, was damals für eine Frau höchst ungewöhnlich, wenn nicht sogar häresieverdächtig war. Schon in sehr jungen Jahren zeichnete sich Hildegards visionäre Gabe ab, die aber nicht mit ekstatischer Verzücktheit einherging, sondern ein „Sehen im Wachzustand" war. Ihre visionären Erfahrungen bezogen sich fast ausschließlich auf geschaute Bilder. Sie selbst trat dabei nur selten in einen Dialog mit Gott oder Christus. Jedenfalls fügte sie den Visionsberichten immer eine gelehrte theologische Deutung an, die sie meist selbst gab, die hin und wieder aber auch von dem in der Vision sprechenden Gott stammte.

Schrein mit den Gebeinen der heiligen Hildegard von Bingen in der Pfarrkirche von Eibingen.

Lebendiges Licht

„Das Licht also, das ich schaue, ist nicht räumlich, sondern viel, viel heller als die Wolke, die die Sonne trägt. ... Und was ich schreibe, schaue und höre ich in der Vision. Und ich schreibe keine anderen Worte nieder als die, die ich höre, denn man lehrt mich in dieser Vision nicht, so zu schreiben, wie die Philosophen schreiben. Und die Worte in dieser Vision sind nicht die Worte, die in Menschenmund erklingen, sondern wie eine helle Flamme oder eine Wolke, die am klaren Himmel einherzieht ... In diesem Licht schaue ich manchmal – doch nicht oft – ein anderes Licht, das man mir als lebendiges Licht bezeichnet hat. Und ich kann nicht in Worte fassen, wann und wie ich es schaue; doch wenn ich es schaue, wird alle Traurigkeit und alle Angst von mir genommen, so dass mir dann zumute ist wie einem einfachen Mädchen und nicht wie einer alten Frau. (Die 77-jährige Hildegard in einem Brief an den Mönch Guibert von Gembloux, ihren späteren Sekretär).

Meist erkannte Hildegard Gottes Nähe als von ihm kommendes Licht, von dem sie aber nur dessen Schatten sah, weil es den Menschen erblinden lassen würde, wenn er direkt hineinsähe, seltener sah Hildegard im Schatten dieses Lichts ein anderes, das sie als „das Lebendige Licht" bezeichnete. Dieses Licht schien psychosomatisch gewirkt zu haben, insofern es ihre körperlichen Beschwerden beseitigte und sie in einen zeitlich begrenzten Zustand persönlichen Glücks und von Geborgenheit versetzte. Die Texte zeigen, wie sie dieses „Lebendige Licht" als Blitzesleuchten beschreibt.

Wegweiserin, Beraterin und Kritikerin

Wegen ihres Glaubens und ihrer Lebensart wurde Hildegard für viele Menschen zur Wegweiserin. Schon zu ihren Lebzeiten nannten viele sie eine Heilige. Hildegard begründete diese Auffassung, indem sie sich für ihre theologischen und philosophischen Aussagen immer wieder auf Visionen berief. Damit sicherte sie ihre Lehren gegen die Lehrmeinung ab, dass Frauen aus eigener Kraft nicht zu theologischen Kenntnissen in der Lage seien. Sie selbst bezeichnete sich als „ungebildet". Hildegard genoss schon zu Lebzeiten Anerkennung von vielen berühmten Zeitgenossen, darunter Kaiser und Päpste und die (auch) mystische Autorität Bernhards von Clairvaux, mit dem sie regelmäßig korrespondierte. Sie wurde als geistliche Ratgeberin geschätzt und von vielen Zeitgenossen konsultiert; sie durfte sich sogar gegenüber den Autoritäten des kirchlichen Lehramtes kritisch zu Missständen innerhalb der kirchlichen Hierarchie äußern. Sie schrieb über 300 Briefe, u. a. an den „Liebesmystiker" Bernhard von Clairvaux und an Friedrich Barbarossa, den sie wegen seiner Ernennung eines Gegenpapstes scharf ermahnte.

Hildegard starb am 17. September 1179 im Kloster Rupertsberg im hohen Alter von 82 Jahren. Neben den Visionsbüchern „Wisse die Wege", „Das Buch der Lebensvergeltung" und „Das Buch der Gotteswerke" schrieb Hildegard medizinisch-heilkundliche Abhandlungen sowie Singspiele und Lieder.

Elisabeth von Schönau: Bilder aus der Ekstase

Die Visionärin Elisabeth starb am 18. Juni 1164 im Kloster Schönau.

Die adlige Benediktinerin Elisabeth von Schönau (1128–1164) erfuhr in ihrem kurzen Leben eine Fülle von Visionen. Die von ihr überlieferte Bildwelt ist ganz anders als die ihrer älteren Kollegin Hildegard von Bingen. Sie ist das Produkt ekstatischer Zustände. Immer wieder fiel Elisabeth in Ekstase, meist gingen diesen Verzückungen längere Krankheitsphasen voraus. Manchmal sah sie nur Lichtphänomene und fühlte sich aus ihrem Leib hervorgehoben, an anderen Tagen wiederum erlebte die Mystikerin detailreiche Visionen. Diese wurden von einem Engel, der auch Jesus Christus sein konnte, selbst gedeutet, mit denen Elisabeth weitere Gespräche führte.

Elisabeth stammte aus einer adligen Familie, die am Mittelrhein ansässig war. Im Alter von zwölf Jahren wurde sie von ihren Eltern

Die visionäre Sendung

„Als am Tag vor Palmsonntag schon die Zeit der Vesper nahe war, stand ich allein im Oratorium und war in Gebeten vertieft. Und siehe, plötzlich wurde ein starker Lichtstrahl über mich ergossen, der mir eine Hitzewallung verursachte, wie es die Sonne bewirkt, wenn sie in ihrer vollen Kraft scheint. Und ich fiel vornüber mit einem heftigen Aufprall zu Boden und verlor das Bewusstsein. Die Schwestern kamen deswegen und liefen zu mir; sie wollten meinen Kopf von der Erde hochheben, um kleine Kissen darunter zu legen, konnten ihn aber mit keinem Hochzerren heben. Nach einer kleinen Weile kam der Engel des Herrn, richtete mich geschwind auf, stellte mich auf meine Füße und sagte: Oh Mensch, erhebe dich und steh auf deinen Füßen; ich will mit dir reden. Fürchte dich nicht, weil ich alle Tage deines Lebens mit dir bin. Handle auf mannhafte Weise, dein Herz möge erstarken, ertrage den Auftrag deines Herrn. Und du sollst den Frevlern auf der Erde sagen: Wie mich einst die Menschen kreuzigten, so werde ich täglich gekreuzigt unter denen, die in ihren Herzen gegen mich freveln. Sie wenden nämlich ihr Gesicht von mir ab, ihr Herz ist weit von mir, damit sie nicht sehen und erkennen, wie ich gelitten habe und auf welche Weise ich sie in meinem Blut erlöst habe. Und du sollst ihnen sagen: Kehrt zurück, ihr Frevler, zum Herrn, eurem Gott, der gütig und barmherzig ist, der nicht den Tod des Sünders will, sondern viel mehr, dass er sich bekehre und lebe. Als er dies gesprochen hatte, ging er weg." (Buch der Gotteswege)

den Benediktinerinnen des Klosters Schönau am Rande des Ortes Strüth im Taunus (Rhein-Lahn-Kreis) übergeben, später wurde sie dort Äbtissin.

Elisabeth hat ein Offenbarungsbuch hinterlassen, das „Buch der Gotteswege", sowie zwei weitere Schriften: „Über die Auferstehung der seligen Jungfrau Maria" und „Buch der Offenbarung der Heiligen Schar der Kölnischen Jungfrauen". Alle diese von ihrem Bruder Egbert in Latein aufgezeichneten Werke gehören zu der heute immer noch wenig bekannten, im Mittelalter jedoch sehr umfangreichen Textsorte der Visionsliteratur. Der Nachruf ihres Bruders: „Ach, unsere Elisabeth, jene auserwählte Leuchte des Himmelslichtes, die hehre und durch überfließende

Gottesgnade geehrte Jungfrau, das leuchtende Kleinod unseres Klosters, die Leiterin unserer Jungfrauenschar, weh, sie ward vor den reiferen Jahren dem Erdenlicht entzogen … Durch Dich ward der Welt der Himmel eröffnet, durch das Organ Deiner Stimme flossen die seit Ewigkeiten verschlossenen Gottesgeheimnisse zu uns, und Deine Rede war kostbarer als Gold und süßer als Honig … Oh glückselige Frau, wie viele Könige und Propheten wünschten das zu schauen, was Du schautest, und schauten es nicht."

Weil die Bevölkerung Elisabeth schon sehr bald als Heilige verehrte, wurden ihre Gebeine in den Jahren 1420 bis 1430 in eine eigene Elisabethenkapelle umgebettet. Diese Kapelle wurde beim großen Brand im Kloster Schönau 1723 vernichtet und nicht wieder aufgebaut. 1584 wurde Elisabeth von Schönau als Heilige ins „Martyrologium Romanum" aufgenommen.

Juliana von Lüttich: Der Mond hat einen Fleck

Einen Ehrenplatz in der Geschichte eroberte sich die Mystikerin Juliana von Lüttich (1192–1258) als Initiatorin des Fronleichnamstages. Noch zu ihren Lebzeiten wurde 1246 das Fronleichnamsfest erstmals in Lüttich begangen. Juliana wurde

Das von Juliana initiierte Fronleichnamsfest erinnert an das Abendmahl am Gründonnerstag (hier das Abendmahl-Gemälde von Leonardo da Vinci).

1192 in Rétinne bei Lüttich (Belgien) als Kind wohlhabender Eltern geboren; bereits im Alter von fünf Jahren wurde sie Vollwaise und in die Obhut des Klosters der Augustinerchorfrauen am Mont Cornillon (Kornelienberg) gegeben. Juliana erhielt keinen regelmäßigen Unterricht, zeigte sich jedoch sehr interessiert und suchte oft die Klosterbibliothek auf, um dort alte Pergamentbände zu studieren. Ihre Lieblingslektüre waren die Schriften des heiligen Augustinus und des heiligen Bernhard.

Die Vision am Tabernakel

Die Schwestern im Kloster nahmen die lernbegierige Juliana bald als Nonne in ihre Gemeinschaft auf. Sie war vom heiligen Sakrament der Eucharistie (heilige Kommunion) fasziniert und kniete oft stundenlang vor dem Tabernakel, in dem das Allerheiligste aufbewahrt wurde, wobei die ganze Welt um sie versank. Jeden Tag nahm Juliana aus Ehrfurcht vor dem Sakrament der Eucharistie mit Erlaubnis ihrer Oberin bis zum Abendbrot keine Nahrung zu sich. Wenn es nach ihr gegangen wäre, hätte sie nur von der heiligen Hostie gelebt, doch dies wurde ihr verboten. Im Alter von 16 Jahren hatte Juliana vor dem Tabernakel eine Vision, bei der sie mehrfach hintereinander einen leuchtenden Mond sah, der am Rand eine dunkle Stelle aufwies. Nach der Überlieferung offenbarte ihr Christus, der Mond stelle das Kirchenjahr dar und die dunkle Stelle symbolisiere, dass noch ein Dank- und Sühnefest fehle, nämlich ein besonderes Fest zu Ehren des heiligsten Altarsakraments. Sie sei dazu auserkoren, das Kirchenjahr um dieses Fest zu bereichern.

Jahrelang hütete Juliana das Geheimnis ihrer Vision. Erst als man sie 1230 zur Oberin des Klosters wählte, berichtete sie von ihrem göttlichen Auftrag. Sie erntete sofort starken Widerspruch. Die kirchlichen Behörden reagierten abwartend, die Bevölkerung betrachtete sie als schwärmerische Betschwester. Das abschätzige Gerede über sie und böswillige Anschuldigungen machten Juliana schwer zu schaffen. Als sie wegen ihrer Strenge als Oberin von ihren Mitschwestern vertrieben wurde, verließ sie mit wenigen Getreuen das Kloster und führte fortan als Verbannte ein unstetes Wanderleben. Manchmal fand sie in anderen Klöstern Aufnahme, doch auch dort vertrieb man sie nach Nachstellungen ihrer Gegner. Lediglich ihr Beichtvater und der Lütticher Erzdiakon Jakob von Troyes, der spätere Papst Urban IV. (1200–1264), hielten treu zu Juliana. Ab 1248 lebte sie als Einsiedlerin in einer Klause an der Kirche in Fosses, wo sie am 5. April 1258 starb. Man beerdigte sie in der ehemaligen Zisterzienserabtei Villers-en-Brabant zwischen Brüssel und Namur.

Sechs Jahre nach Julianas Tod wurde 1264 das Fronleichnamsfest von Papst Urban IV. als Bestandteil des Kirchenjahres festgelegt. Fronleichnam sollte das Abendmahlsgedächtnis des Gründonnerstags unter österlich-freudigem Vorzeichen wieder aufgreifen. Deshalb wurde es auf den ersten freien Donnerstag nach Abschluss der 50-tägigen Osterfeier, das heißt, am Donnerstag nach dem Dreifaltigkeitsfest angesetzt. Beim Fronleichnamsfest wird die „in Fleisch und Blut Jesu" verwandelte Hostie in einer Monstranz feierlich unter Gesang und Gebet durch die Straßen getragen. An vier Stationen („Altären") hält man an, verliest das Evangelium, spricht Fürbitten und spendet den Segen.

Zärtliche Liebesmystik: Beatrijs von Nazareth

Die flämische Mystikerin Beatrijs von Nazareth (1200–1268), Begine und Zisterzienserin, verfasste die kleine Prosaschrift „Sieben Arten des Liebens", das bisher älteste datierbare Dokument einer volkssprachlichen Mystik im niederländischen Raum. Das Traktat, das Teil eines verschollenen Tagebuchs ist, zeigt das starke Verlangen nach der spirituellen Vereinigung mit Gott. Beatrijs gilt als früheste Vertreterin der so genannten Liebesmystik. Bei ihr finden sich zwei wichtige Motive der Frauenmystik des 13. Jahrhunderts: die Minne, ein Begriff, der aus der höfischen Kultur des Mittelalters stammt und dessen Dimensionen hier auf das mystische Verhältnis der Seele zu Gott übertragen wurde und die Brautschaft, die den Zustand der ersehnten Vereinigung als zärtlich-hingebungsvolles Einssein zwischen zwei Liebenden beschreibt.

Beatrijs stammte aus einer frommen, wohlhabenden Familie unweit der Stadt Löwen. Ihr Vater soll nach dem Tod seiner Frau mit einem Sohn und drei Töchtern dem Zisterzienserorden beigetreten sein. Beatrijs, die 1210 dem Zisterzienserorden Bloemdaal übergeben wurde, war als Kind von Beginen erzogen worden. Als Nonne wechselte sie später mehrfach das Kloster, bis sie 1236 schließlich in das Kloster Nazareth bei Lier eintrat. Dort wurde sie Priorin und blieb bis zu ihrem Tod im Amt. Aus ihrer Vita wissen wir, dass sie mehrere „Entrückungen" hatte, so z. B. 1217 in Rameia während der Liturgiefeier. Der unbekannte Autor berichtet: „Und sie sah, nicht mit leiblichen, sondern mit inneren Augen, mit Augen des Geistes, die hehre

Sieben Stufen der Minne

„Sie sucht IHN in seiner Majestät, sie folgt ihm nach und schaut ihn an mit dem Herzen und mit dem Geiste. Sie erkennt ihn, sie liebt ihn, sie verlangt ihn, so dass sie weder Heilige noch Engel, weder Menschen noch Lebewesen anders wahrnehmen kann als in der allumfassenden Minne zu ihm, mit der sie alles liebt. Ihn allein hat sie erkoren in der Minne über allem, unter allem und in allem, so dass sie mit aller Leidenschaft ihres Herzens und mit aller Kraft ihres Geistes ihn zu schauen, zu besitzen und zu genießen begehrt."

göttliche Dreieinigkeit, wunderbar, erhabend, aufleuchtend im Glanze ihres Lichtes und der Allmacht ihrer immer währenden Herrlichkeit ... Sie sah zudem den lobpreisenden David im himmlischen Jerusalem, sah die Heerscharen der heiligen Engel, die Chöre der seligen Geistwesen in ihrer ewigen Schau der göttlichen Gegenwart: eine grandiose Himmelsvision ..." In ihrer Vita erscheint Beatrijs als äußerst sensible und psychisch labile Frau, deren religiöse Erlebnisse von intensiven körperlichen Zuständen begleitet war.

Hadewijch von Antwerpen: Leidenschaftlich lieben

Das wohl bedeutendste literarische Zeugnis aus dem Umfeld der flämischen Frauenmystik stammt von der Begine Hadewijch von Antwerpen. Über ihr Leben gibt es kaum gesichertes Wissen. Doch ihre Visionen zeigen, dass es sich um eine starke Persönlichkeit mit ausgeprägten Ansichten gehandelt haben muss. Vermutlich wuchs Hadewijch in einem adligen Elternhaus auf, das ihr die Voraussetzungen für ihre spätere literarische Tätigkeit bereit stellte: die Kenntnis der lateinischen Sprache und die Kunstform der höfischen Minne. Ungewöhnlich vielfältig ist ihr literarisches Werk: Sie schrieb 31 Briefe und 14 Visionen in Prosa sowie 45 „Strofische Gedichte" und 16 „Mengelgedichte" (Reimbriefe) in Versform. In den frühen „Strofischen Gedichten" drückte Hadewijch ihre Liebe zu Gott in Form der Minne-

Die liebende Vereinigung

„An einem Pfingsttag hatte ich beim Morgengrauen eine Erscheinung. Man sang die Mette in der Kirche, und ich war anwesend. Mein Herz, meine Sehnen und alle meine Glieder zitterten und bebten vor Verlangen, und ich war, wie es so oft der Fall war, so von Wahnsinn und Angst erfüllt, dass ich meinte, ich befriedigte meinen Geliebten nicht, und mein geliebter erfüllte nicht mein Verlangen, so dass ich sterbend wahnsinnig werden und vollkommen wahnsinnig werdend sterben müsste. Ich war da aus verlangender Liebe so mit Angst und Schmerz erfüllt, dass mir alle Glieder meines Leibes einzeln zu brechen drohten und alle meine Sehnen einzeln angespannt waren. (...) Da kam Er vom Altar (...) und nahm mich fest in seine Arme und drückte mich an sich; und alle Teile meines Körpers spürten die seinen, so dass es ihnen, entsprechend dem Verlangen meines Herzens eine Lust war. Da wurde ich äußerlich bis zum Äußersten befriedigt." (Aus der 13. Vision)

dichtung aus; die Gedichte sind sehr persönlich geschrieben und lassen erkennen, dass die Autorin noch recht jung ist: „Ach, was soll ich tun, ich unglückselige Frau? Mit Recht mag ich das Glück wohl hassen. Es dauert mich sehr, dass ich lebe; ich will der Minne nicht dienen und kann sie nicht lassen."

Hadewijchs zentrales Thema ist die „unio mystica", das Einssein der Seele mit Gott. Im Vordergrund ihrer „Visionen" steht deshalb die Liebe zu Gott. Der Höhepunkt ihrer Mystik ist es, durch die liebende Vereinigung mit Jesus „Gott mit Gott zu sein". Wie andere spirituelle Frauen des 13. Jahrhunderts machte Hadewijch in ihren Visionen ekstatische Erfahrungen, die sie körperlich und seelisch stark belasteten. Sie selbst unterschied dabei zwei Zustände: Zum einen erfuhr sie ein dauerhaftes mystisches Einssein mit Gott „im Geist", zum anderen befand sie sich in den Momenten höchster mystischer Vereinigung in einem Zustand, den sie ein Sein „außerhalb des Geistes" nannte.

Im Unterschied zur Frauenmystik des 12. Jahrhunderts, etwa der Hildegard von Bingens, erfuhr sich Hadewijch in ihrer tief empfundenen Liebesmystik „in süßer Liebe, Umarmen und Küssen" ganz als einzigartige Partnerin Gottes. Die Liebesmystik sieht Gott und Seele als Bräutigam und Braut.

Mechthild von Magdeburg: Göttliche Grüße

Mit Mechthilds „Fließendem Licht der Gottheit“ tauchte im 13. Jahrhundert erstmals ein mystisches Werk von hohem literarischen Rang auf, das im volkssprachigen Niederdeutsch verfasst war. Mechthilds Buch gibt das in höchst individueller,

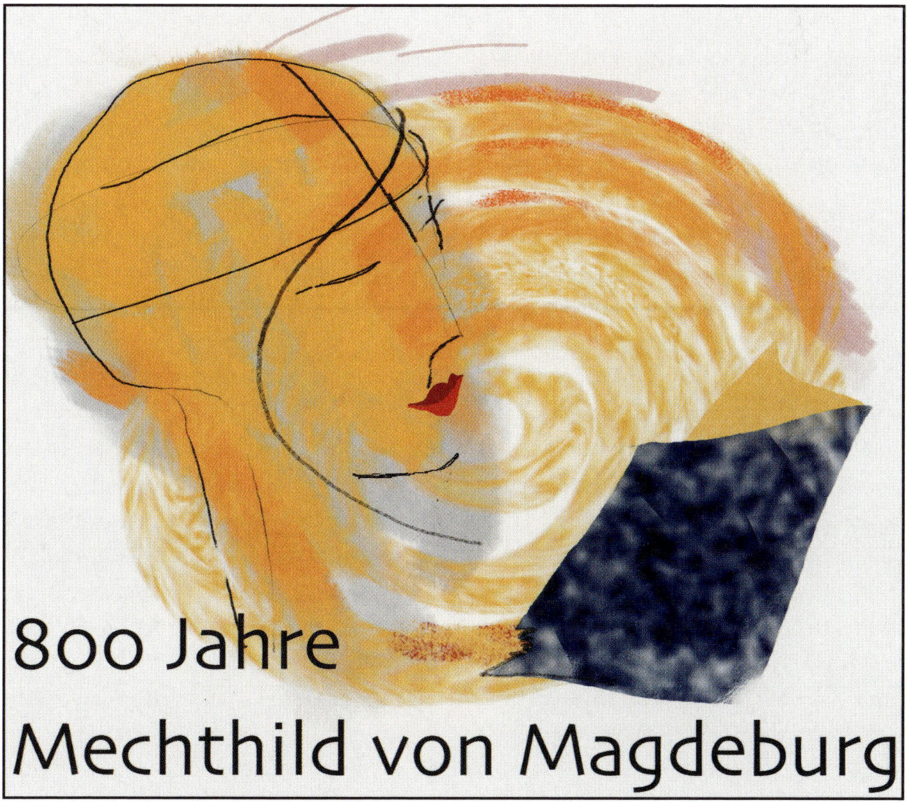

Mechthild von Magdeburg: Das Logo zum Mechthildjahr 2008 des Bistums Magdeburg zeigt eine Frau mit Schleier, die im Sog des fließenden Lichtes zur selbst verantworteten Sprache findet, „mündig“ wird. Das betont ihr Mund, der den göttlichen Eros andeutet.

bildhafter Sprache wieder, was der Magdeburger Begine an spirituellen Begegnungen mit Gott widerfuhr: „Ich will und kann nicht schreiben, wenn ich es nicht mit den Augen meiner Seele erkennen und mit den Ohren meines ewigen Geistes hören und in allen Gliedern meines Leibes die Kraft des Heiligen Geistes empfinden würde." Das in sieben Bücher gegliederte Werk enthält Mechthilds Gespräche mit Gott. Wie keine andere Mystikerin ihrer Zeit verstand sie es, intensiv erfahrene Erlebnisse so eindringlich zu vermitteln, dass sie den Leser auch noch heute tief beeindrucken und fesseln. Ihre nach dem Vorbild des Hohenliedes entworfenen Bilder und Gesänge einer mystischen Vereinigung zwischen dem göttlichen Bräutigam und der irdischen Seele als seiner Braut sind überwältigend schön.

Mechthild ging inhaltlich weit über das hinaus, was ihre Zeitgenossinnen schrieben. Mit verschiedensten sprachlichen Variationen, oft mit einer erotischen Note versehen, hob sie die wechselseitige Abhängigkeit der Liebespartner hervor. Auch Gott selbst erfuhr beglückende Momente in der Vereinigung mit der Liebsten und quälende Sehnsucht nach der Trennung von ihr: „Und Gott legt die Seele in sein glühendes Herz hinein. Wenn sich der hohe Fürst und die geringe Magd so innig umarmen und vereint sind wie Wasser und Wein, dann wird sie zunichte und kommt von sich selbst. Sobald sie nichts mehr vermag, ist er jedoch aus Sehnsucht liebeskrank nach ihr, wie er es von jeher war, weil er in seinem ewigen Liebesdrang weder zu- noch abnimmt."

Botschaft an die Gläubigen

Mit ihrer körperlich empfundenen Mystik überwand Mechthild die rein geistige Männermystik des Mittelalters. Die Begine verstand ihr Buch als Botschaft an die Gläubigen und Geistlichen, denn sie sah die Kirche in Gefahr, von innen ausgehöhlt zu werden. Die mächtigen, oft eher weltlich-üppig lebenden Domherren nannte sie z. B. „stinkende Böcke": „Dass Gott die Domherren Böcke nennt, tut er darum, weil ihr Fleisch vor Unkeuschheit stinkt in der ewigen Wahrheit vor seiner Heiligen Dreifaltigkeit." Ihre eigene einzigartige Beziehung zu Gott sollte die Menschen zu einem stärkeren, leidenschaftlicheren Glauben inspirieren: „Ich kann mich nicht mehr von der Liebe kehren. Ich muss mich ihr gefangen geben, ich kann anders nicht mehr leben. Wo sie ist, da muss ich sein, sowohl im Leben wie im Sterben." Mechthild von Magdeburg fühlte sich von Gott zu etwas Besonderem berufen; diesen Auftrag gab sie in ihren Büchern mit einem unglaublich großen Wortschatz zum Ausdruck. Mechthild (1207–1282) entstammte wahrscheinlich einer adligen

Rückblick

„Ich habe dort („entrückt in die höchste Höhe") unerhörte Dinge gesehen, wie meine Beichtväter sagen, obwohl ich die heilige Schrift nicht studiert habe. Ich fürchte aber Gott, wenn ich schweige, und fürchte aber auch unverständige Menschen, wenn ich schreibe. Liebe Leute, was kann ich dafür, dass mir dies geschieht und oft geschehen ist? In der demütigen Einfalt und in der verlassenen Armut und der drückenden Schmach hat mir Gott seine Wunder offenbart ..."

Familie – ihre Sprache und ihre Bilder lassen auf eine höfische Erziehung schließen. Ab dem zwölften Lebensjahr empfing sie täglich einen göttlichen Gruß – so nannte sie ihre mystischen Begegnungen mit Gott. 1230 verließ sie die Familie, „um in der Liebe Gottes zu leben", und zog nach Magdeburg, wo sie 40 Jahre als Begine lebte. Entsprechend dem damaligen Frömmigkeitsverständnis unterwarf sie ihren Körper harten Bußübungen, um den Weg der inneren Läuterung zu gehen. Mechthild erachtete es aber auch als ihren Auftrag, aktiv am Leben und Geschehen der Kirche teilzunehmen. Wie viele Beginen betrieb sie eifrig Bibellektüre, kümmerte sich um arme Kinder, unterrichtete, stand kranken und alten Menschen bei.

Massive Anfeindungen

Nach jahrzehntelangem Schweigen über ihre mystischen Begabungen vertraute sie sich ihrem Beichtvater, dem Dominikanermönch Heinrich von Halle an, der sie aufforderte, ihre Erfahrungen niederzuschreiben. Die Art des Buches, das sie „als Bote allen geistlichen Leuten" sandte, der Wahrheitsanspruch, den sie damit erhob und die darin enthaltene zum Teil sehr scharfe Kritik an der Verweltlichung und der Lebensführung des Klerus, des Adels und der Laien setzten sie massiven Anfeindungen – insbesondere durch die Kirche – aus. Gesundheitlich geschwächt und zermürbt von den jahrelangen Anfeindungen, ihrer strenge Askese und der jahrzehntelangen „Gewalt der Minne und vielen natürlichen Krankheiten", verließ Mechthild etwa um 1270/71 Magdeburg und ging in das weit über das Erzbistum hinaus bekannte Kloster Helfta, unweit der Lutherstadt Eisleben. In dem in hoher wissenschaftlicher Blüte stehendem Kloster lernte Mechthild die spätere Gertrud die Große, damals etwas 14 Jahre alt, und Mechthild von Hackeborn, damals etwa

30 Jahre alt, kennen. Mit ihrem geistlichen Erfahrungsschatz und ihren Schriften wurde sie auch Lehrerin dieser zwei Frauen und prägte stark deren spätere Schriften und damit die „Helftaer Mystik".

Mechthild von Hackeborn: „Buch der besonderen Gnade"

Aus dem Adelshaus des Freiherrn von Hackeborn stammend, wurde Mechthild wahrscheinlich 1241 auf der Burg zu Helfta geboren. Schon im Alter von sieben Jahren brachte man sie auf eigenen Wunsch in das Kloster Rodersdorf, in dem ihre ältere Schwester Gertrud Äbtissin war.

Im „Buch der besonderen Gnade" heißt es: „Aber da sie war sieben Jahre alt, ging ihre Mutter eines Tages mit dem Kindlein in ein Kloster, welches bei dem Schlosse war, und stunden demselben die Eltern vor. Darinnen blieb sie wider den Willen ihrer Mutter mit großer Freude; sehnsüchtig die Schwestern bittend, sie aufzunehmen in ihre Genossenschaft; und sie war nicht mehr von dannen zu bringen, weder durch Drohungen noch durch gute Rede der Eltern. Von Stund an fing sie an, wundersam in Gottes Liebe und ungewöhnlicher Andacht zu brennen, und ihr Geist frohlockte in erhabener Süßigkeit stets in Gott ..." Die junge Novizin war musisch talentiert und nach Verlegung des Konvents nach Helfta 1258 wurde sie Leiterin der Klosterschule. Aufgrund ihrer künstlerischen Begabungen (unter anderem war sie auch Vorsängerin im Chor) war Mechthild bei ihren Mitschwestern sehr beliebt. 1261 nahm sie die fünfjährige Gertrud, später „die Große" genannt, in ihre Obhut. Sie sollte später zusammen mit einer anderen Nonne im Auftrag der Äbtissin Mechthilds mystische Erlebnisse aufschreiben. Mitschwester in Helfta war auch die Mystikerin Mechthild von Magdeburg (siehe Seite 83).

Fromme Mittlerin

Das Bild, das die Überlieferung von Mechthild gezeichnet hat, zeigt sie volkstümlich und lebensnah. Die Mystikerin tröstete die Bedürftigen und beriet die Unsicheren, als Heilige konnte sie bisweilen sogar Wunder bewirken. Mechthilds Visionen waren anschaulich und schlicht, sie selbst war „fromme Mittlerin". Aber auch drastische Züge waren durchaus erkennbar: „Sie legte ... in ihr Bette Scherben von

Glas und scharfem Gezeug, und wälzte sich darin so lange, bis sie mit zerschundener Haut und über und über verwundet vor Schmerzen sich kaum zu bewegen vermochte.“ Mechthild war oft krank; die letzten acht Jahre ihres Lebens war sie meist bettlägerig. Erst zu diesem Zeitpunkt berichtete sie ihren Mitschwestern von ihren Visionen. Durch ihre zahlreichen Herz-Jesu-Gebete und entsprechende Übungen erlangte Mechthild für die Verbreitung und Vertiefung der Herz-Jesu-Verehrung große Bedeutung. Die Herz-Jesu-Verehrung ist ein Ausdruck der katholischen Spiritualität bzw. Volksfrömmigkeit. Dabei wird Jesus Christus unter dem Gesichtspunkt seiner im Herzen symbolisierten Liebe verehrt. Gemeinsam mit Mechthild von Magdeburg und Gertrud der Großen bildet Mechthild von Hackeborn das Dreigestirn der deutschen Frauenmystik. Obwohl sie nie heilig gesprochen wurde, verehrten die Menschen sie schon bald nach ihrem Tod wie eine Heilige. Mechthild schrieb von Gott: „Ich bin leichter zu erlangen als irgendetwas. Kein Fa-

Mechthild von Hackeborn trug zur Verbreitung der Herz-Jesu-Verehrung bei (Gemälde Würger/Steiner).

Geschenk der Sinne

„Wie Gott der Seele seine Sinne schenkt, dass sie sie gebrauche: Sie bat einmal den Herrn, dass er ihr etwas schenke, was beständig in ihr sein Gedächtnis erregen möchte. Darauf empfing sie vom Herrn diese Antwort: Siehe, ich gebe dir meine Augen, dass du mit ihnen alle Dinge sehest, und meine Ohren, dass du mit ihnen alle Dinge vernehmest; auch meinen Mund gebe ich dir, dass du alles, was du an Reden, Beten oder Singen auszusprechen hast, durch ihn tuest. Ich gebe dir mein Herz, dass du dadurch alles denkest und mich und um meiner willen alle Dinge liebest. In diesem Worte zog Gott diese Seele ganz in sich und vereinte sie also mit sich, dass es ihr erschien, sie sehe mit Gottes Augen, und höre mit seinen Ohren, und rede mit seinem Munde, und fühle kein andres Herz zu haben als das Herz Gottes. Dies ist ihr auch hernach zu fühlen gegeben worden.“

Kirchliche Dogmen

Unter kirchlichen Dogmen (griech.: Meinungen, Denkarten, Lehrsätze) versteht man durch die lehramtliche Autorität formulierte Sätze, die Klarheit schaffen. Theologische Anschauungen – meist auf Konzilen und Synoden formuliert – weurden unter Berufung auf göttliche Offenbarungen oder besondere Erkenntnisse als unumstößliche Wahrheiten festgelegt. Eine Kritik an kirchlichen Dogmen stellt damit automatisch eine Missachtung der Autorität dar. Für die katholische Kirche ist ein Dogma eine von Gott vor dem Tode des letzten Apostels geoffenbarte Wahrheit, die als solche von der Kirche unfehlbar zu glauben vorgelegt wird. Das Wesen eines Dogmas besteht darin, Glaubensgut, das Jesus Christus übergab, unverfälscht und umfassend zu erhalten und vor Verfälschung zu bewahren.

den und kein Splitter, nichts ist so klein und so gering, dass man es mit einem Willensakt an sich ziehen könnte. Mich aber kann der Mensch mit seinem bloßen Willen an sich ziehen.“ Mechthild starb am 19. November 1299 in Helfta.

Gertrud von Helfta, eine der bedeutendsten Mystikerinnen des 13. Jahrhunderts.

Gertrud von Helfta: Mit Leib und Seele Seelsorgerin

Die Mystikerin, Theologin und Künstlerin Gertrud von Helfta wollte den Menschen einen Weg zu Gott zeigen, die sich nach „Belebung ihres ausgedörrten Lebens sehnen". Am 6. Januar 1256 in Thüringen geboren, kam sie bereits mit fünf Jahren als Waise in das Benediktinerinnenkloster Helfta bei Eisleben. Ihre herausragende theologische Bildung, an der Mechthild von Hackedorn nicht ganz unbeteiligt war, und ihr Selbstbewusstsein unterschieden sie von zahlreichen anderen Mystikerinnen des Mittelalters. Obwohl sie nie offiziell heilig gesprochen wurde, erhielt sie den Beinamen „die Große". Zwei Werke liegen in deutscher Übersetzung vor: das Hauptwerk „Legatus divinae pietatis" (Gesandter der göttlichen Liebe), in dessen Mittelpunkt das vorbildhafte geistliche Leben Gertruds steht sowie die „Exercitia spiritualia" (Geistliche Übungen), die zum geistlichen Leben anleiten wollen.

Ihre erste Erscheinung hatte Gertrud am 27. Januar 1281 nach dem gemeinsamen Abendgebet im Schlafsaal. Als sie ihr Haupt vor einer vorübergehenden Schwester ehrerbietig neigte und wieder aufsah, erblickte sie Jesus in Gestalt eines Jünglings. Christus sagte freundlich zu ihr: „Dein Heil wird bald kommen. Warum bist du betrübt? Hast du keinen Ratgeber? Du hast mit meinen Feinden den Staub der Erde gegessen und Honig gesucht unter den Dornen. Komm zu mir, ich will dich aufnehmen und dich mit dem Strom meiner göttlichen Wonne berauschen." Als Gertrud sich dem Heiland nähern wollte, hinderte sie eine Dornenhecke daran. In diesem Augenblick ergriff sie Jesus mit der Hand, an der sie Wundmale erblickte, und stellte sie neben sich. Es folgten weitere mystische Erlebnisse, die ihren Glauben festigten. Bis zu ihrem Tod lebte Gertrud mit Christus in enger Verbindung, man kann sogar von einer tiefen, ganzheitlichen Liebesbeziehung sprechen.

Mystische Vereinigung

Im Jahr 1289 begann Gertrud – gedrängt von einer Mitschwester – mit der Niederschrift ihrer Visionen. Zahlreiche Andeutungen im „Gesandten der Gottesliebe" lassen darauf schließen, dass Gertrud eine energische und zielstrebige Person war. Im ersten Buch hob sie immer wieder hervor, wie bemüht sie war, ihrem Auftrag gerecht zu werden: „Sie (Gertrud) bemühte sich häufig, alles zu sammeln und niederzuschreiben, von dem sie annahm, dass es irgendjemanden nützen könnte. Und dies tat sie einzig und allein zur Ehre Gottes; sie wollte niemals dafür Dank, sondern sie erstrebte allein das Heil der Seelen ... Den Schlaf oder die Ruhe zu unterbrechen, Essen aufzuschieben und alles, was zur Annehmlichkeit für den eigenen Körper diente, zu unterlassen, das war für sie mehr Freude als Mühe oder Belastung."

In feierlicher und alle Sinne ansprechender Prosa bringt Gertrud ihre Erfahrungen der mystischen Vereinigung zum Ausdruck: „O ewiger Sonnenstillstand, sichere Bleibe, Ort, der vollauf entzückt, Paradies ewiger Freuden, überflutet von Flüssen unschätzbarer Wonne! Man wird angelockt durch das frühlingsgleiche Grünen mannigfaltiger Schönheiten, gestreichelt durch den lieblichen Ton, ja noch lieblicher durch die Melodien der Musiker, erfrischt durch den ausströmenden Duft der Gewürze, trunken von der erschlaffenden Süße des inneren Geschmacks, verwandelt durch die wunderbare Zärtlichkeit der geheimen Umarmungen!"

Gertruds „weibliches" Gottesbild

Gertrud hatte ein außerordentlich positives Gottesbild: Gott ist für die Menschen das, was sie jeweils brauchen: Mutter, Vater, Freund und anderes mehr. Dieses Gottesbild führte zwangsläufig zu einem positiven Menschenbild. Gottes Zuwendung, und insbesondere seine Menschwerdung, „vergöttlicht" den Menschen buchstäb-

Umkehr

„Damals hat sie nämlich erkannt, dass sie weit von Gott weg auf einem von ihm völlig verschiedenen Gebiet sich befand, als sie den Studien der Freien Künste zu sehr anhing. Sie hatte es bis zu dieser Zeit versäumt, die Schärfe des Geistes für das Licht der geistigen Erkenntnis fähig zu machen. Sie hatte nämlich zu begierig den Freuden menschlicher Wissenschaft angehangen und sich so selbst des süßen Geschmackes der wahren Weisheit beraubt. Plötzlich begann für sie alles Äußere an Wert zu verlieren, und dies zu Recht: denn der Herr hatte sie an einen Ort der unendlichen überschäumenden Freude geführt, auf den Berg Sion ... das bedeutet, zu einer Beschauung." (aus „Gesandter der göttlichen Liebe)

Aus dem verlorenen Sohn – hier ein Mosaik von der Immanuelskirche in Kopenhagen – machte Gertrud die Große die verlorene Tochter, um Frauen die Möglichkeit einer Identifikation zu verschaffen.

lich und heiligt ihn. Daraus leitete Gertrud die unvergleichliche Würde eines jeden Menschen ab. Deshalb machte sie keinerlei Zugeständnisse an das männlich geprägte Denken der Kirche, sondern vertrat eine weibliche Perspektive, was sich auch im gesamten Werk der „Geistlichen Übungen" niederschlägt. Ihre Gebetsweise war spezifisch weiblich und sie scheute sich nicht, Bibelstellen zu ändern, um für Frauen eine Identifikationsmöglichkeit zu schaffen: Beispielsweise machte sie aus dem verlorenen Sohn die verlorene Tochter oder sie sah sich als junges Mädchen an der Stelle des Johannes an der Brust Christi liegen.

Gleichermaßen war für Gertrud das Priestertum nicht an das Geschlecht gebunden, sondern einzig und allein an die Berufung durch Christus. Dabei unterschied sie die allgemeine Berufung der ganzen Kirche zum Priestertum und die spezifische Berufung einzelner, wozu sie sich auch zählte. Ihr eigenes Priestertum beruhte auf Gottes Gegenwart in ihrer Seele, was von ihren Mitschwestern voll und öffentlich anerkannt wurde. Die ihr von Gott geschenkte innere Freiheit machte sie frei zur Kritik an kirchlichen Strukturen. Gertrud von Helfta bezog gegen Missbräuche in der Kirche Stellung. Sie wandte sich gegen den Reliquienkult, bezahlte Ablässe und war dagegen, dass Menschen vom Abendmahl ausgeschlossen wurden. Andererseits erschwerte ihr starker Wille den selbst auferlegten Gehorsam gegenüber Gott. Fragen an Gott formulierte sie deshalb auch mit einer gewissen Form der „Gleichberechtigung".

Im Dienst am Menschen

Trotz ihrer tiefen mystischen Spiritualität lebte Gertrud nicht zurückgezogen, sondern diente den Menschen ihrer Umgebung als Ratgeberin und Seelsorgerin. Wie die meisten spirituellen Frauen des Mittelalters litt auch Gertrud vermutlich häufig an körperlichen Beschwerden, die sie zunehmend schwächten und schließlich bettlägerig und pflegebedürftig machten. Sie starb 1302 in Helfta bei Eisleben. Ihre Mitschwestern beschrieben sie als geistesgegenwärtig und humorvoll, zupackend und sensibel. Nur selten war sie um ein hilfreiches, manchmal strenges Wort verlegen. Sie konnte einen Ausweg aus der Sackgasse zeigen und Mut machen für den nächsten Schritt. Mit Leib und Seele eine Seelsorgerin, hat sie sich in den Dienst der Menschen gestellt, die damals im Kloster Helfta Beistand suchten. Auch in ihren Werken macht sich Gertrud dem Geheimnis des Lebens auf die Spur, das den grauen Alltag in den Farben des Lebens aufleuchten lässt und das in den Brüchen des Lebens die verborgenen Zeichen der Hoffnung entdeckt.

Der erste gesicherte Fall von Stigmatisation ist Franz von Assisi; das Fresko in St. Katharinen (Lübeck) zeigt, wie der heilige Franziskus die Wundmale empfängt.

Christina von Stommeln: Ekstatische Visionen

Ihre Andersartigkeit machte ihr das Leben sehr schwer. Die deutsche Mystikerin (1242–1312) Christina von Stommeln wuchs in ärmlichen Verhältnissen einer Bauernfamilie auf. Bereits mit zehn Jahren soll sie ihre ekstatische Verlobung mit Jesus erlebt haben, im Alter von 13 Jahren kehrte sie ihrem Elternhaus den Rücken, um zu den Beginen in die Kölner Stollgasse zu ziehen. Doch schon nach drei Jahren schickten die frommen Beginen Christina wegen ihrer Trance- und Entrückungszustände nach Stommeln zurück. Die junge Frau war beim Betrachten des Leidens Christi oft tagelang unzugänglich und keine ihrer Mitbewohnerinnen konnte etwas mit ihr anfangen. Auch ihre Wundmale (Stigmata), die sie an den gleichen Stellen wie Christus gehabt haben soll, versetzten die Beginen in Schrecken.

Dass Christina auf Grund ihrer „Spinnereien“ und ihrer „Andersartigkeit“ im Ort fast nur Misstrauen entgegengebracht wurde, überforderte auch ihre Eltern. Sie konnten das Gerede nicht mehr länger ertragen und brachten Christina schließlich im Pfarrhof unter. In dieser Zeit soll Christina oft von Teufelsversuchungen und -quälereien heimgesucht worden sein. Ihr Ruf, der weit über Stommeln hinaus drang, lockte 1267 den schwedischen Dominikanerpater Petrus von Dacien in

Vom Geist ergriffen

„Als sie einst vom Herrn redete, wurde sie plötzlich vom Geist ergriffen, und ihr Körper wie ein Kreisel ... in die Runde getrieben, mit solcher Schnelle, dass man wegen der Heftigkeit der Umdrehung nicht mehr die Form ihrer Glieder unterscheiden konnte. Als sie eine Zeitlang also umgelaufen, ruhte sie, als ob die Heftigkeit nachgelassen, mit allen ihren Gliedern ... Alle Glieder ihres Leibes waren indessen in tiefster Ruhe, und ihre Augenlider wie bei einem Schlafenden geschlossen ... Als sie zu sich kam, und von den anderen erfuhr, was sie getrieben, floh sie vor Scham und Bestürzung davon.“ (Codex Juliacensis)

den Ort, der sie von da an häufig auf seinen Studienreisen besuchte. Petrus verfasste auch den „Codex Juliacensis“, in dem er nicht nur die Berichte über ihre Wundmale aufzeichnete, sondern auch ihre Schilderungen von Erscheinungen des Herrn und von dämonischen Versuchungen festhielt. Auf diese Weise wurde ein großer Teil ihres Lebens überliefert. „Da fiel die Jungfrau plötzlich in eine solche Verzückung, dass sie in allen ihren Sinnen unbeweglich und am ganzen Körper erstarrt war und kein Lebenszeichen mehr von sich gab ... Man konnte gar kein Atemholen mehr an ihr bemerken“, berichtete als Augenzeuge Petrus von Dacien. Während dieses Zustands war das Bewusstsein Christinas, so scheint es, ausgeschaltet.

Im Alter von 46 Jahren verließ Christina den Pfarrhof und zog an den Rand des Ortes in eine kleine Klause, wo sie zurückgezogen lebte und sich von einfachen Näharbeiten ihren Lebensunterhalt verdiente. Dort starb sie am 6. November 1312 im Alter von 70 Jahren. 1339 soll Graf Dietrich IX. von Jülich nach einer Wallfahrt zu ihrem Grab an diesem von seiner Gicht geheilt worden sein. Trotz des Rufes der Heiligkeit ließ der Graf ihre Gebeine erst 1342 nach Nideggen bringen (Stommeln gehörte zu diesem Zeitpunkt zu Jülich). 1586 kamen sie dann nach Jülich, wo sie bis heute in der Stiftskirche ruhen.

Angela von Foligno: Von franziskanischen Ideen durchdrungen

Die Schriften der Franziskanerin und Mystikerin Angela von Foligno (1248–1309) haben die Spiritualität im Spätmittelalter wesentlich beeinflusst, vor allem ihr mystisches Werk „Il Libro“ war daran maßgeblich beteiligt. Als Kind reicher Eltern lebte die junge Angela im umbrischen Städtchen Foligno zunächst ein recht ausschweifendes und angenehmes Leben; sie heiratete einen reichen Gutsbesitzer, der ihr alle Wünsche nach Luxus erfüllte. Doch glücklich wurde Angela, die Mutter mehrerer Kinder war, in der familiären Situation nicht. Immer stärker wandte sie sich den franziskanischen Idealen zu, die in Foligno, einem nicht unbedeutenden italienischen Handelsstädtchen, weit verbreitet waren. Das Empfinden, eine schlimme Sünderin zu sein, führte um 1285 – Angela war gerade 37 Jahre alt – zu einem Bekehrungserlebnis. Sie erkannte, dass sie sich von allen Männern, Frauen, Freunden und Verwandten trennen und auf schöne Kleidung und gutes Essen verzichten musste: „Aber es geschah mit Scham und Mühe, ... lebte ich doch mit meinem Manne ... in jener Zeit starb nach dem Willen Gottes meine Mutter, die mir ein großes Hemmnis auf dem Weg zu ihm (Gott) gewesen war. Auch starben innerhalb kurzer Zeit mein Mann und alle meine Kinder, und ihr Tod gereichte mir zu großem Troste, weil ich Gott gebeten hatte, mich von ihnen zu befreien."

Päpstlicher Altar mit Fresken in der Basilika San Francesco, der Basilika des Heiligen Franziskus in Assisi.

Erscheinung des Heiligen Geistes

Auch wenn Angela später schrieb, „und zu leben war mir eine Strafe wegen des Schmerzes über den Tod meiner Mutter und meiner Söhne": Im Jahr 1288 war sie in der Lage, sich ganz und gar ihrer religiösen Berufung hinzugeben. Sie entschied sich, auf ihr eigenes Vermögen zu verzichten und fortan das Leben einer Büßerin und Mystikerin zu führen. Doch sie trat nicht etwa in ein Kloster ein, sondern lebte ohne Klausur, also frei und selbstbestimmt. Allerdings schloss sie sich 1291 einer Bruderschaft an, die dem Dritten Orden des Franziskus zugerechnet wurde.

Ein Vorfall in Assisi wurde Anlass für die schriftlichen Aufzeichnungen ihrer Entwicklung und der mystischen Erfahrungen. Angela, die 1291 nach Assisi pilgerte, traf unterwegs „auf einem schmalen Weg durch die Weinberge bei Spello auf den Heiligen Geist", der sich mit „Schmeichelworten" ansprach: „Und wie ich so betend des Weges schritt und zwischen die Höhle und den engen Weg kam, der sich jenseits der Höhle hinaufzieht, da wurde mir Folgendes gesagt: Du hast meinen Knecht Franz angerufen. Aber ich will dir einen anderen Boten senden. Ich bin der Heilige Geist, der zu dir kommt, dir einen Trost zu gewähren, wie du ihn niemals verkostet hast!"

In Assisi begab sich Angela in die Basilika des Franziskus, um dort in eine Art „geistiger Raserei“ zu verfallen: „Da ich mich einmal in der Kirche befand, hörte ich eine Ansprache so wundersüß, dass also gleich meine ganze Seele davon ergriffen war. Meine vielliebe Tochter – nein, noch viel lieblicher lautete es – nur ich, kein andres Wesen, kann dich beseligen. Ich will dir meine Macht offenbaren. Und im Nu wurden die Augen meiner Seele geöffnet, und ich erblickte eine Gottesfülle, in der ich die ganze Welt verströmen sah, diesseits und jenseits des Meeres, Wasser und Gründe und alle Dinge, die in unsagbarer Weise bezeugen die Allmacht Gottes. Voll Staunen rief da die Seele: Wie ist doch die Welt Gottes voll! Und ich schaute sie als winziges Ding, und die Macht Gottes alles überragend und alles erfüllend ... Und Er sprach: Nun hast du etwas gesehen von meiner Macht – so schau jetzt meine Erniedrigung! Und ich sah Gott so tief sich herablassend vor den Menschen

Gottesschau in der Finsternis

„Einmal, da meine Seele erhoben wurde, erblickte ich Gott in einer Klarheit und Fülle, wie ich Ihn nie zuvor geschaut hatte. Ich sah hier nicht nur nicht Liebe, sondern verlor zugleich jene Liebe, die ich früher gehegt hatte, und ward versetzt in einen Zustand des Nichtliebens. Danach erblickte ich Ihn in einer Finsternis – Finsternis sage ich, weil Er ein Gut ist über alles Denken und Fassen, und möchte man fassen und begreifen was immer, es reicht nicht an Ihn hinan. Und die Seele empfand einen unverrückbaren Glauben und eine sichere, starke Hoffnung und eine Zuversicht in Gott, so unbedingt, dass alle Furcht zu Ende ist ... Bei solcher Schauung ist die Seele nicht einmal des Gedankens fähig, dass sie jemals jenes höchste Gut verlassen oder von ihm verlassen werden könnte. Sie wird in diesem Allgut unsagbar entzückt, sie sieht kein Mittel, es mit dem Munde zusagen oder auch nur mit dem Herzen zu fassen – sie sieht nichts und sieht doch alles.“

und allen Dingen, dass meine Seele außer sich war angesichts so unendlicher Macht und so tiefer Herablassung. Und ich musste mich selbst daneben halten und mich als lauter Hoffahrt erkennen ... So empfing ich die heilige Kommunion. Und davon verblieb mir eine unsagbare Süßigkeit und ein Entzücken, das ich wohl nie mehr entbehren kann in meinem Leben.“

Starkes Charisma

Die Mystik der Angela von Folignio fand bei vielen frommen Laien Anklang, bald scharte sich ein großer Kreis von Anhängern um sie. Anders als bei den meisten anderen Mystikerinnen ihrer Zeit spielte das Brautmotiv bei Angela keine zentrale Rolle. Verständlich, dass sie, die Ehe und Mutterschaft bereits erlebt und wahrscheinlich keine besonders guten Erfahrungen damit gemacht hatte, diesen Wunsch nach einer innigen Verschmelzung mit Christus nicht in den Mittelpunkt ihrer Mystik stellte. Von großer Bedeutung dagegen war ihr ausgeprägtes Sündenbewusstsein. Es führte bei Angela zu intensiven Gefühlen der Gottverlassenheit, zu maßlosen Selbstbeschuldigungen und zu einem starken Wunsch nach Buße, vom Wunsch der Selbstverarmung und nach dem Genuss von Eiter bis hin zu einer masochistischen Sehnsucht nach einem lang andauernden Sterben unter allen möglichen Folterqualen für alle ihre Glieder oder nach aller nur möglichen Schande.

Ihre Grabstätte befindet sich in der Kirche San Francesco in Folignio. Formell wurde die Mystikerin nicht heilig gesprochen, aber in ihrer Heimat wird sie als Heilige verehrt. Die Verehrung als Selige wurde 1701 von Klemens XI. gebilligt, und Pius X. erklärte ihren Todestag, den 4. Januar, zu einem kirchlichen Fest.

Verzückungen: Douceline von Digne und Margareta von Cortona

Neben Klara von Assisi (siehe Seite 45) und Angela von Foligno gehörte auch Douceline von Digne (1214/15–1274) zu den franziskanisch geprägten Mystikerinnen. Douceline stammte aus einer vornehmen und frommen Kaufmannsfamilie, verlor ihre Eltern sehr früh und wurde von ihrem älteren Bruder, dem Prediger Hugo von Digne, im Sinne des heiligen Franziskus aufgezogen. Douceline lebte zunächst in einem Klarissenkloster in Genua; doch das Leben schien ihr nicht besonders gut zu gefallen, sehr viel inspirierender fand sie da schon die Gemeinschaft der Beginen. So gründete sie 1240 einen Beginenhof in der Nähe der Stadt Toulon und 1255 einen weiteren in Marseille. Wie in anderen Gemeinschaften der Beginen, stand auch hier der Dienst an den Menschen, insbesondere die Krankenpflege im Mittelpunkt. Schon kurz nach ihrem Tod wurde Douceline als Selige und Heilige verehrt. Wir wissen von ihr, weil Felipa de Porcelet, eine Mitbewohnerin, ihr Leben im Stil einer Heiligenvita aufschrieb. Felipa berichtete auch von einer Vision: Jesus begegnete Douceline in Gestalt eines armen und kranken Mannes und forderte sie auf, seine Brust zu berühren. Die besondere Nähe zu Christus äußerte sich bei Douceline in immer neuen Ekstasen, die mit lautem und unverständlichem Schreien und Singen verbunden waren. Sie fanden nicht in der Klosterzelle, sondern in der Öffentlichkeit statt.

Margareta von Cortona (1247–1297) war wie Douceline eine große Ekstatikerin. Anders als diese lebte Margareta jedoch absolut nicht jungfräulich. Sie verbrachte fast ein Jahrzehnt mit einem Adligen in „wilder Ehe", führte ein luxuriöses Leben und gebar einen Sohn. Die frommen Wurzeln ihrer Kindheit blieben aber lebendig; sie berichtete später von jener Zeit als einer „der Sünde und Schande" und, dass sie damals schon Mitleid mit den Armen hatte. Aus dem Leben im Luxus löste sie sich, als ihr Liebhaber ermordet aufgefunden wurde. Bereit, ein neues Leben anzufangen, wollte Margareta in ihr Elternhaus zurückkehren, aber der Vater, aufgehetzt von der Stiefmutter, verweigerte ihr die Rückkehr. Deshalb erbat sie die Aufnahme im Kloster, doch sie musste einige Zeit warten, bis man ihre Bußfertigkeit glaubte. Sie bestritt ihren Lebensunterhalt, indem sie reichen Frauen während der Schwangerschaft und im Kindbett beistand. Sie kasteite und geißelte sich, bis sie endlich 1275 in den Dritten Orden der Franziskaner aufgenommen wurde.

Margareta von Cortona erfuhr immer wieder mystische Begegnungen mit Gott.

Margareta gab ihrer Schönheit die Schuld an ihrem bisherigen Leben und seinen Schwierigkeiten, deshalb versuchte sie sich zu entstellen, um hässlich zu werden. Die Leute deuteten das als Heiligkeit. Margareta floh in die Einsamkeit, um nicht irrtümlich für heilig gehalten zu werden. Unsicherheit quälte sie, in ihrer Angst und Verlassenheit hatte sie himmlische Erscheinungen und vertraute der Zusage Jesu, ihr nahe zu sein. Sie praktizierte ein sehr strenges Bußleben, gründete in Cortona ein Hospital und eine Vereinigung von Franziskaner-Terziarinnen. Immer wieder erlebte sie Ekstasen, die sich über Stunden hinziehen konnten. Im Mittelpunkt der Entrückungen stand Christus, vor allem der leidende Christus. Die hierbei erfahrenen Glücksmomente führten dazu, dass Margareta ihr bisheriges Leben als sündig erfuhr, was sie auch öffentlich bekannte: „Auffällig waren die öffentlichen Selbstanklagen, die Margereta unter lautem Schreien in den Straßen der Stadt wegen ihrer sündigen Vergangenheit gegen sich erhob.“ Von ihr selbst sind keine Schriften erhalten. Ihre Vita wurde von ihrem Beichtvater, dem Franziskaner Giunta da Bevagna aufgezeichnet: „Legenda de vita et miraculis Margaritae de Cortona“.

Marguerite Porete: Mutig und entschlusskräftig

Das volkssprachige Mystikbuch „Spiegel der einfachen Seelen“ von Marguerite Porete (1250/60–1310) entstand in altfranzösischer Sprache um 1300 und war bereits im Mittelalter in mehreren Sprachen verbreitet. Das Werk, das der Verfasserin zwei Inquisitionsprozesse und schließlich den Tod durch Flammen einbrachte, ist ein

Die Liebe spricht

„Ach, Gott!, spricht die göttliche Liebe, die sich von sich ausruht in einer vernichtigten Seele. Wie ist der Weg lang und die Distanz groß von einem solchen verirrten Leben zu einem freien Leben! Über dieses freie Leben hat keinerlei Wollen Herrschaft! Und dieses Nichtwollen sät die aus dem Inneren des göttliche Willens genommene Saat. Eine solche Saat kann nicht unwirksam bleiben; doch wenige Leute richten sich darauf ein, eine solche Saat zu empfangen. Ich habe viele angetroffen, die untergegangen sind in der Anhänglichkeit des Geistes, durch Werke der Tugend, im Begehren aus dem guten Willen. Doch ich habe wenige von denen angetroffen, die in edler Weise verirrt waren. Und noch weit weniger, zweifellos, habe ich an Freien gefunden, solche nämlich, die im befreiten Leben leben, die so sind, wie dieses Buch es sich wünscht ... Denn die edle Liebe bewirkt, dass man eine einzige Liebe und einen einzigen Willen hat, und darum ist mein Wille ein Nichtwille geworden ...“ (aus dem 133. Kapitel)

„religiöses Lehrbuch“: Es besteht aus Dialogen zwischen der Seele, der Liebe, der Vernunft, dem Glauben und anderen Mächten, auch der von der Liebe bestimmten „Heiligen Kirche der Großen“ und der von der Vernunft bestimmten „Heiligen Kirche der Kleinen“.

Das zentrale Thema des Buches ist der höchste Zustand der Seele, der erreicht wird in einem Weg der sieben „Stufen, auf welchen man aus dem Tale auf den Gipfel des Berges steigt, der so vereinzelt dasteht, dass man da außer Gott nichts sieht“. Ziel ist die freie, ganz in Gottes Sein hineinverwandelte Seele, die allen Willen aufgegeben und alles Kreatürliche hinter sich gelassen hat. Der Kern von Marguerites Gottesvorstellung ist die Liebe. In ihrem der Traktatliteratur zugehörenden, fast dialektisch aufgebauten Werk nannte sie Christus den „Loinprès“, den „Fernnahen“ und sie zeigte den Weg auf, wie die Seele durch „Vernichtigung“ des eigenen Selbst zur Vollkommenheit und endlich zur mystischen Vereinigung mit Christus gelangen konnte. Ihre Gedanken formulierte sie in der seit dem Altertum bekannten und beliebten Form eines Streitgesprächs zwischen dem „Sire Amour“, dem Stifter der Liebe, (Gott), der Dame Vernunft und der Seele.

Kirchenkritik machte sie zur Ketzerin

Weder das Geburtsjahr noch der Geburtsort der frommen Begine und Gotteslehrerin Marguerite ist uns bekannt. Mit großer Wahrscheinlichkeit entstammte sie dem Bürgertum der Stadt Valenciennes im nordfranzösischen Hennegau, wo sie, so der heutige Stand der Forschung, zwischen 1250 und 1260 zur Welt kam. Aktenkundig wurde hingegen der Zeitpunkt ihres Todes, da sie, als „rückfällige Ketzerin“ verurteilt, im Jahr 1310 in Paris hingerichtet wurde. Marguerite lebte als Begine, sie gehörte demnach einer religiösen Erneuerungsbewegung an, die sich u. a. dem Ideal der Armut verschrieben hatte, Franz von Assisi nahe stand und ein tätiges Christentum anstrebte.

Marguerite kehrte das übliche Herrschaftsverhältnis zwischen Tugenden und Seele für die freien Seelen um: „Die Seelen, über welche die Tugenden ihre Gewalt ausüben, leben in solchem Zwang. Die Seelen jedoch, von denen wir reden, haben die Tugenden an ihren Platz verwiesen; denn solche Seelen tun nichts um derentwillen. Vielmehr tun, umgekehrt, die Tugenden alles, was solche Seelen verlangen, ohne Bemühen und ohne Widerrede. Denn solche Seelen sind Herrinnen über sie.“ Die völlige Willen- und Bedürfnislosigkeit einer freien Seele wurde von männlichen Theologen missverstanden als Absage an die kirchlichen Heilsmittel.

Place de Grève in Paris – hier wurde Marguerite dem Feuertod übergeben.

Die französische Mystikerin schrieb äußerst provokativ und kirchenkritisch, machte jedoch keine Anstalten, der immer konkreter werdenden Bedrohung durch die Inquisition auszuweichen, vielmehr bot sie den Mächtigen und Richtern hartnäckig die Stirn. Sie versuchte erst gar nicht, ihre mystischen Texte den Anklägern zu erklären. Die Folge war, dass schließlich ihr Buch verurteilt und verbrannt wurde. Marguerite ließ sich davon nicht einschüchtern. Sie war offensichtlich ganz überzeugt und erfüllt von dem, was sie im „Spiegel" als Weg der Seele zu Gott und als Erfahrung mit Gott beschrieben hatte. In ihrer Begeisterung las oder deklamierte sie weiterhin Abschnitte aus ihrem Buch, obwohl der Bischof von Cambrai dies strengstens untersagt hatte. Dabei vertraute sie wohl trotz Verurteilung auf zwei positive Gutachten anerkannter Theologen, die sie vorsorglich eingeholt hatte.

1307 kam es erneut zur Anklage, zuerst durch den Provinzialinquisitor von Hochlothringen, Philipp von Marigny, dann auch durch den berüchtigten Dominikaner Wilhelm von Paris, der päpstlicher Generalinquisitor war. Im selben Jahr wurde Marguerite in Paris eingekerkert. Trotz mehrmaliger Gelegenheit verweigerte die Mystikerin im Kerker sowohl eine Rechtfertigung wie einen Widerruf. Ein Priester, der sich persönlich für ihre Befreiung einsetzte, wurde ebenfalls im Gefängnis zum Schweigen gebracht.

Tod auf dem Scheiterhaufen

Das Gericht scheute keinen Aufwand: 21 Theologen wurden um ein spezielles Gutachten über die als ketzerisch angeprangerten Sätze aus Marguerites Buch gebeten. Wie gewöhnlich bei derartigen Beschuldigungen wurden einzelne Sätze aus der ver-

Margarete Ebner

Margarete Ebner (1291–1351), eine Nonne aus Bayern, soll Visionen von solcher Intensität gehabt haben, dass sie regelmäßig in einen komaartigen Zustand verfiel. In anderen Momenten soll sie in einer ihr unbekannten Sprache gestammelt haben. „Manchmal", so schrieb sie, „tat sich ein Weg vor mir auf und Rede geschah mir und manchmal wurde ich empor gehoben, so dass ich den Boden unter den Füßen verlor". Der Verlust des Bodens war die angestrebte Konsequenz dieser extremen religiösen Hingabe. „Von der Gnaden Überlast" betitelte die Mystikerin die Aufzeichnungen ihrer Visionen. Margarete Ebner hatte in ihrer Zelle eine Wiege stehen, in der sie das Jesuskind wiegte, wenn es nicht schlafen wollte. Manchmal nahm sie es auf den Arm. Auch sah sie den Gekreuzigten vom Kreuz heruntersteigen, um sie zu umarmen und ihr Nahrung zu reichen.

dächtigen Schrift herausgezogen und isoliert. Durch das Außer-Acht-Lassen von erklärendem und relativierendem Kontext mussten diese Sätze häretisch klingen. Das Urteil der Gutachter wurde am 11. April 1310 in der Kirche Saint-Mathurin zu Paris verlesen, es lautete einstimmig auf Häresie. Die endgültige Verurteilung durch den Generalinquisitor erfolgte am 30. Mai: Marguerite wurde – wie später Jeanne d'Arc – zur rückfälligen Ketzerin erklärt und damit den weltlichen Behörden übergeben.

Jeanne d`Arc (Gemälde von Gaston Bussiere). Die Heilige wurde wegen Verstößen gegen die Kirchengesetze auf dem Scheiterhaufen verbrannt.

Zwei Tage später, am 1. Juni 1310, musste sie mit ihrem Buch auf der Place de Grève in Paris den Scheiterhaufen besteigen. Eine riesige Zuschauermenge, bestehend aus Vertretern der weltlichen Behörden, kirchlichen Würdenträgern und vielen Menschen aus dem Volk war zusammengeströmt. Chroniken berichten, dass das Publikum von Mitleid ergriffen und zu Tränen gerührt wurde, als Marguerite den grausamen Tod im Feuer starb.

Birgitta von Schweden: Charismatisch und konsequent

Bereits die Geburt Birgittas soll unter besonderen Vorzeichen gestanden haben. So erzählt die Legende, dass die bereits schwangere Ingeborg, ihre Mutter, auf einer Schiffsreise Schiffbruch erlitt und dem Tod nur knapp entkam. Nach der geglückten Rettung erschien Ingeborg in der Nacht eine schimmernde Gestalt und verkündete, dass sie gerettet wurde, weil sie ein einzigartiges Geschöpf gebären würde. Einem Priester, der im Gebet um eine gute Entbindung bat, verkündete eine Stimme die Geburt eines Mädchens, „deren mächtige Stimme von der ganzen Welt gehört wird". Birgitta (Brigitta) wurde 1302/1303 als Tochter des Landvogts Birger Pederson und seiner Frau Ingeborg Bengtsdotter aus dem Geschlecht der Folkunger auf Gut Finsta bei Uppsala in Schweden geboren. Zusammen mit ihren sechs Geschwistern erlebte Birgitta auf dem elterlichen Gut eine unbeschwerte Kindheit.

Johannes Rosenrod: Birgitta wird von ihrem Kind Katharina entbunden, Fresko 1437, in der Kirche in Tensta in Uppsala.

Zu natürlicher Gottesliebe und Frömmigkeit erzogen, erhielt sie schon früh spirituelle Prägungen. So soll sie schon im Alter von sieben Jahren ihre erste Marienvision empfangen und bereits mit elf Jahren nach einer Fastenpredigt eine Passionsvision (Christus am Kreuz) erlebt haben. Während dieser Vision soll es auch zu einem Dialog zwischen Christus und Birgitta gekommen sein, da die Bestürzte nicht nur das geschaute Leid Christi mitlitt, sondern auch sofort geistesgegenwärtig nach den Verursachern fragte.

Im Alter von nur 13 Jahren heiratete Birgitta auf Wunsch ihres damals bereits verwitweten Vaters den 18-jährigen Adligen Ulf Gudmarsson. Während ihrer glücklichen Ehe – die beiden teilten die spirituelle Frömmigkeit – brachte Birgitta vier Söhne und vier Mädchen zur Welt. Eines der Kinder war Karin, die spätere heilige Katharina von Schweden (1331–1381). Das Ehepaar hatte eine einflussreiche Stellung im Königreich Schweden. Ulf Gudmarsson bekleidete das Amt des Landvogts der Provinz Närke in Mittelschweden, Birgitta verwaltete die ausgedehnten Familiengüter und erwarb mit Hilfe der Hauslehrer ihrer Kinder eine für ihre Zeit ungewöhnlich hohe Bildung.

Kein Blatt vor dem Mund

Birgitta war fleißig, freigebig und gastlich. Sie arbeitete in der Küche, im Waschhaus und im Garten, sah in Molkerei, im Brauhaus und in der Mühle nach dem rechten, stiftete Spitäler, unterstützte Klöster, ließ Kirchen und Schulen erbauen und speiste täglich zwölf Arme an ihrem Tisch. Weil sie schöne Gewänder und Prachtentfaltung liebte, flehte sie Gott an, er möge sie von Eitelkeit, Hoffahrt und Lust an der Welt befreien.

1335 wurde die 33-Jährige zur Hofmeisterin der Grafentochter Blanka von Namur (1318–1363), der Gemahlin ihres jungen Vetters König Magnus II. Eriksson (1316–1374) berufen. Gleich bei ihrer Ankunft erklärte sie: „Der König muss so beschaffen sein, dass er von den Jüngeren gefürchtet, von den Älteren geehrt, von den Weibern gelobt, von den Gerechten geliebt und von den Unterdrückten herzlich begehrt wird." Niemals dürfe ein König vergessen, dass er Gott und seiner Kirche Treue und Gehorsam schulde. Als der Herrscher sich nicht an diese Ideale hielt, beschimpfte ihn Birgitta als „Kind auf dem Königsthron", „Hasenherz" und „gekrönten Esel". Sie ermahnte auch Blanka von Namur vielfach, was jedoch noch weniger fruchtete als bei deren Ehemann. Birgitta charakterisierte ihre Herrin einmal als „abgenagtes Apfelgehäuse".

Himmlische Visionen

Der König befolgte zwar oft Birgittas Rat, aber für grundlegende Veränderungen reichte ihr Einfluss nicht aus. Deshalb verließ sie den Hof und pilgerte 1341/42 mit ihrem Ehemann zu Fuß von Schweden nach Spanien, wo beide das mythische Grab des Apostels Jakob in Santiago de Compostela aufsuchten. Nach dieser strapaziösen Reise erkrankte ihr Gatte lebensgefährlich, er starb 1344 im Zisterzienserkloster Alvastra: „Als ich meinen Gemahl begrub, habe ich mit ihm alle irdische Liebe begraben. Obwohl ich ihn wie mein eigenes Herz geliebt habe, möchte ich ihn doch nicht gegen den Willen Gottes zum Leben zurückkaufen ...“ In Alvastra erlebte die 42-jährige Witwe himmlische Visionen, bei denen ihr Gott befahl, an den Hof des Königs Magnus nach Schweden zurückzukehren sowie ihn zu warnen und zu ermahnen.

Die Stuppacher Madonna von Matthias Grünewald – in ihr lassen sich eine Reihe von Bezügen zu den Visionen der Birgitta von Schweden finden.

Im Bußkittel prangerte sie vor dem eleganten Hofstaat die Verschwendungssucht der Großen, das Raubritterunwesen, die Grausamkeit der Steuern eintreibenden Vögte, die Schändung des Sonntags und das unsittliche Leben der Geistlichkeit an. König Magnus II. wurde von der Rede der prophetisch begabten Birgitta tief beeindruckt. Er bekannte öffentlich sein Unrecht, verfügte Verordnungen gegen Wucher sowie zum Schutz der Witwen und Waisen und erließ den Armen die Steuern. 1346 schenkte der König der Mystikerin das Schloss Vadstena (Bjälboättens-Palast) in Südschweden, wo Birgitta noch im selben Jahr das erste Kloster für den neuen Birgittenorden gründete.

Als Birgitta den von Magnus II. geforderten Krieg gegen Russland ablehnte, feindeten der König, der Hof und die Priester sie an. Man beschimpfte, kränkte und verhöhnte sie wegen ihrer Visionen, was sie gelassen ertrug. Der Krieg Schwedens gegen Russland endete mit einer vernichtenden Niederlage. Danach prophezeite Birgitta die Pest, die 1348 ganz Europa plagte. Auch andere Vorhersagen Birgittas

Gottes Sohn spricht

„Hört ihr, alle meine Gegner, die ihr auf Erden lebt, denn zu meinen Freunden spreche ich gar nicht. Hört, alle Priester, Erzbischöfe und alle geringeren Beamten in der Kirche! Hört, alles Klostervolk, zu welchen Orden ihr auch gehören mögt! Hört, ihr Könige der Erde, Fürsten und Richter, und ihr alle, die ihr dient! Hört, ihr Frauen, Königinnen und Fürstinnen, und alle Frauen und Dienerinnen, ja ihr alle, zu welchem Stand ihr auch gehören mögt; Große und Kleine, die ihr die Erde bewohnt; hört die Worte, die ich, der euch geschaffen hat, nun zu euch sage. Ich klage darüber, dass ihr von mir abgewichen seid und euren Willen dem Teufel übergeben habt und dessen Eingebungen gehorcht habt. Ich habe euch doch mit meinem Blut erlöst, und ich wünsche nichts anderes, als eure Seelen. Wendet euch daher in Demut zu mir, so will ich euch auch wie Kinder empfangen!“ (aus den Offenbarungen)

sind später in Schweden eingetroffen. Trotzdem hörte Magnus II. nicht auf sie. Es kam zum Bürgerkrieg, der König verlor seinen Thron, schmachtete sieben Jahre im Kerker, ertrank vor der norwegischen Küste, und seine Frau wurde vergiftet.

Birgitta wäre gerne Nonne in dem von ihr gegründeten Kloster Vadstena geworden, doch sie fühlte sich von Gott nach Rom gerufen: „Geh nach Rom und bleibe daselbst, bis du den Papst und den Kaiser gesehen hast, und rede mit ihnen jene Worte, die Ich dir eingeben werde!“ In Rom trat sie auch mutig für die Eintracht der sozialen Stände, den Frieden zwischen den Völkern, die Wiedervereinigung der Ost- und Westkirche sowie für die Versöhnung von Papst und Kaiser ein. 1370 bestätigte Papst Urban V. (um 1310–1370) die Regeln für den Birgittenorden. Im Frühjahr 1372 unternahm Birgitta eine Pilgerreise ins Heilige Land, während der sie die Königin Eleonora von Zypern besuchte, der sündigen Bevölkerung der Mittelmeerinsel den Untergang androhte und bei einem Sturm ihre letzte Habe verlor. 1373 wurde Zypern von Genua und später von den Türken erobert. Auch Neapels Königin Johanna I. von Anjou (um 1326–1382) schlug Birgittas Warnungen, sie solle ihr lasterhaftes Leben ändern, in den Wind. Neapel erlebte in der Folgezeit verheerende Kriege, Königin Johanna wurde exkommuniziert, abgesetzt und endete gewaltsam im Kerker.

Offenbarungen

Am 23. Juli 1373 starb Birgitta während einer Messe in Rom. Ihre letzten Worte waren: „Vater, in deine Hände befehle ich meinen Geist." 1374 überführte Katharina von Schweden die sterblichen Überreste ihrer Mutter von Rom über Polen nach Vadstena in Schweden. Ein abgetrennter Arm der Toten blieb als Reliquie in Rom zurück. Am 7. Oktober 1391 sprach Papst Bonifatius IX. (um 1350–1404) Birgitta heilig, wofür sich deren Tochter Katharina besonders engagiert hatte. Der Heiligsprechungskommission lagen Birgittas acht Bücher der „Offenbarungen" vor, die 1492 erstmals in Lübeck und 1521 in Nürnberg gedruckt wurden. Diese acht Bände blieben bis ins 18. Jahrhundert die am weitesten verbreiteten christlichen Erbauungsbücher. Ein neunter Band enthält verstreute kleinere Offenbarungen Birgittas. Diese so genannten „Außergewöhnlichen Offenbarungen" wurden nach dem Tod von Birgitta von einem geistlichen Begleiter zusammengestellt.

Aus ihrer Feder stammen auch kleinere Schriften wie die Ordensregel und mehrere Gebete. Als Gründerin des Birgittenordens, den man auch Erlöserorden nennt, ging die heilige Birgitta von Schweden in die Geschichte der katholischen Kirche ein. Man verehrt sie als Patronin Schwedens.

Die rätselhafte Spontanheilung der Juliana von Norwich

Eine der bekanntesten Einsiedlerinnen des späten Mittelalters war die Mystikerin Juliana von Norwich (1343–1416). Von Julianas persönlichem Leben ist kaum etwas bekannt. Wir kennen ihren Familiennamen nicht, wissen nicht, wo sie geboren wurde, welch einer Familie sie entstammte, nicht einmal, wie sie gestorben ist. Ihr Leben spielte sich ab in einer winzigen Einsiedlerzelle der Pfarrkirche St. Julian und St. Edward zu Conisford bei Norwich.

Erst am 13. Mai 1373 empfing Juliana ihre 16 Offenbarungen. Damals war sie nach eigenem Zeugnis schon weit über 30 Jahre alt. Doch ihre Visionen niederzuschreiben, traute sich „die Ungebildete" noch lange nicht. 15 Jahre lang verheimlichte sie ihre mystischen Erleuchtungen, erst 1388 rang sie sich auf göttliche Weisungen hin zu einer kürzeren Niederschrift durch, welcher fünf Jahre später eine erweiterte Fassung folgte.

Julianas Texte waren nicht besonders populär. Obwohl in einer klaren Sprache formuliert, war der mystische Inhalt ihrer Erfahrungen zu ungewöhnlich. Schon bevor ihre Offenbarungen einsetzten, wurde Juliana von intensiven Leidenswünschen beseelt. Tatsächlich wurde sie im Alter von 30 Jahren von einer todbringenden Krankheit befallen. Ihre Mutter eilte herbei, und Juliana erhielt vorsorglich die Sterbesakramente. Doch es kam zu einer rätselhaften Spontanheilung, als ein Andachtskreuz vor ihr Antlitz gehalten wurde. Leidensmystik, nicht als Selbstleiden, sondern als intensives Mitleiden, das war ihre Sehnsucht. Julianas Mitleiden entsprang einem tiefen solidarischen Empfinden, und wohl keine andere der uns bekannten Mystikerinnen hat dieser Erfahrung solch einen ergreifenden Ausdruck gegeben.

Juliana von Norwich gilt als bedeutendste englische Mystikerin.

Aus Julianas „Offenbarungen der Göttlichen Liebe"

„Unser Herr zeigte mir ein geistiges Gesicht von seiner trauten Liebe. Ich sah, dass Er uns alles ist, was uns gut ist und uns förderlich. Er ist unser Kleid, das uns wohlig umhüllt und umwickelt und umwallt und umschließt aus zarter Liebe, so dass Er nimmer uns verlassen mag. Und ich sah in diesem Schauen, dass er alles ist, was gut ist, soweit ich es verstehen kann. Und er zeigte mir einen kleinen Gegenstand, so groß wie eine Haselnuss auf meiner flachen Hand, wie es mir vorkam, und rund wie ein Ball. Und ich schaute es mit den Augen meines Geistes und dachte: Was mag es sein? Und es ward mir eine allgemeine Antwort: Das ist das geschaffene All. Ich wunderte mich, wie es bestehen könne: Denn für mein Denken mochte es sogleich in nichts vergangen sein, so klein war es. Und es ward mir geantwortet in meinem Geiste: Es bleibt, und soll immer bleiben. Denn Gott liebt es. Und so hat alles Sein durch Gottes Liebe."

Katherina von Siena: Größte Frau des Christentums

Als „größte Frau des Christentums" wurde Katherina von Siena (1347–1380) gerühmt. Obwohl „nur" eine Ordensschwester, korrespondierte sie mit Päpsten und machte sich als Friedensstifterin einen Namen. Sie, die Mystikerin, Dichterin und Kirchenlehrerin, kämpfte für die moralische Erneuerung des Klerus, die Einheit der Kirche und die Rückkehr des Papsttums aus Avignon nach Rom. Katherina trug die Wundmale Jesu, und wie Jesus starb sie jung, mit gerade einmal 33 Jahren.

Katherina von Siena wurde 1347 als Caterina Benincasa in eine große Familie hineingebore: Sie hatte 23 Geschwister, doch die meisten starben früh an der Pest. In dieser schwierigen Zeit wuchs Katherina ohne Ausbildung heran, etwas Lesen und Schreiben lernte sie erst viel später. Bereits als Siebenjährige hatte die „kleine Heilige", wie man sie nannte, ihre erste Vision: Sie sah über dem Dach der Dominikanerkirche Jesus Christus sowie die Apostel Petrus, Paulus und Johannes. Als man Katherina im jungen Alter von zwölf verheiraten wollte, wehrte sie sich mit Händen und Füßen. Lieber wollte sie sich demütigen und verspotten lassen, als verheiratet zu werden. Katherina fastete, schlief auf dem Fußboden, sofern sie sich nicht zum Schlafentzug zwang, und sie geißelte sich täglich. Das macht sie sechs Jahre lang, bis ihre Eltern schließlich nachgaben und ihr 1365 den Eintritt ins Kloster als Dominikanerterziärin erlaubten. Dort setzte sie ihre asketischen Übungen drei Jahre lang fort. Die Folgen waren nicht unerheblich. Katherina fiel immer wieder in Ekstasen, halluzinierte und sah den Heiland betend an ihrer Seite die Klause auf- und abschreiten.

Die Heilige Katherina empfängt die Wundmale (Domenico Beccafumi, 1515)

Ein Vorbild an Nächstenliebe

Katherina kümmerte sich aufopfernd um die Gebrechlichen, Kranken und Armen ihrer Stadt. Trotz des Risikos, angesteckt zu werden, scheute sie sich nicht davor, die Lepra- und Pestkranken mit dem Notwendigsten zu versorgen und ihnen in ihrer schweren Krankheit beizustehen. Um Bedürftigen und Kranken zu helfen, verschenkte Katherina von Siena Geld und Gegenstände aus dem Haus ihrer Eltern. Als sie einen armen und frierenden Mann auf der Straße traf, überließ sie ihm ihr Obergewand. Da es zu jener Zeit anstößig war, ohne dieses auszugehen, sprachen die Menschen Katharina darauf an und wiesen sie zurecht. Sie antwortete darauf kurz und knapp, dass sie sich lieber ohne Mantel als ohne Liebe sehen lassen wolle.

Auch von sexuellen Wahnvorstellungen wurde sie geplagt. In einer Vision reichte ihr Jesus seine Vorhaut als Ehering, in einer anderen wählte sie als Braut Christi statt eines goldenen Ringes die Dornenkrone. Schnell wurde sie in Siena und in der gesamten Toskana bekannt; wunderbare Bekehrungen und Ereignisse begründeten ihren Ruf, ein Kreis von Ordensleuten, Einsiedlern, Priestern und Laien bildete sich um sie.

Politische Tätigkeit

Im 14.Jahrhundert büßte die Kirche einen Großteil ihres Ansehens ein. Korruption, Vetternwirtschaft und üppiges Wohlleben herrschten unter den Geistlichen, während die franziskanische Lehre von der Armut Christi und seiner Apostel vom Papst verdammt wurde; dessen Autorität aber war beschädigt und seine Macht gebrochen, seit das Papsttum abhängig von den französischen Königen in Avignon residierte. Um die teure Hofhaltung zu finanzieren, wurde die christliche Bevölkerung auf vielerlei Weise geschröpft. Den Verfall der Integrität des Klerus kritisierte Katherina nachhaltig: „Was Christus am Kreuz erwarb, wird mit Huren vergeudet!" Sie scheute sich nicht, den „Herren der Kirche im Namen Gottes den Tod zu wünschen". In diese Konflikte griff die Ordensschwester Katherina ein, nachdem Jesus ihr in einer Vision befohlen hatte, an die Öffentlichkeit zu gehen. Sie trat selbstbewusst und fordernd auf.

Gleichzeitig kämpfte sie, empört „vom Gestank der Sünden der römischen Kurie“, für die moralische Erneuerung der Kirche. Doch ihre Erfolge waren nicht von Dauer. Nach dem Tod Gregors XI. 1378 wurde der Italiener Bartolomeo Prignano als Urban VI. zum neuen Papst gewählt. Die französischen Kardinäle aber erhoben Robert von Genf als Klemens VII. zum Gegenpapst, der wieder nach Avignon zog. Es kam zur abendländlichen Kirchenspaltung, dem so genannten Schisma. Katherina verlegte ihren Wohnort nach Rom, um für die Einheit der Kirche zu wirken.

Brief an Papst Gregor XI.

In ihrem ersten uns erhaltenen Brief an Papst Gregor XI. erinnert Katherina ihn an die Wunden der Kirche und an seine notwendige Rückkehr nach Rom: „Wenn Sie bisher nicht recht entschlossen gewesen sind, so bitte und beschwöre ich Sie, von nun an als mutiger Mann zu handeln und Christus nachzufolgen, dessen Stellvertreter Sie ja sind. Fürchten Sie nichts, liebster Vater, weder die Stürme, die Sie bedrohen, noch den grollenden Aufruhr. Wachen Sie über die Angelegenheiten der Kirche, setzen Sie gute Hirten und in den Städten gute Obrigkeiten ein, denn die schlechten Hirten und die schlechten Obrigkeiten sind die Ursache der Auflehnung. Kehren Sie nach Rom zurück – zögern Sie nicht mehr. Ihre Säumigkeit hat schon viel Verwirrung entstehen lassen, und Satan versucht alles, um ihre Rückkehr zu verhindern. Mut, Heiliger Vater, keine Nachlässigkeit mehr!“

In dieser Zeit schrieb Katherina ihre „Kampfbriefe“ an die Könige von Frankreich und Ungarn, an die Königin von Neapel, an die Stadt-Regierungen in Italien und an die kirchlichen Würdenträger. Für sie bestand kein Zweifel: Urban war der einzig rechtmäßige Papst. Bekannt ist der energische Brief an drei italienische Kardinäle, die zuerst noch zu Urban hielten, dann aber zum Gegenpapst überwechselten: Sie begann den Brief: „Teuerste Brüder und Väter in Christus Jesus! Ich, Katherina, Dienerin und Magd der Diener Jesu Christi, schreibe Euch in seinem kostbaren Blut.“ Dann folgte eine lange Abhandlung über die Verblendung, und schließlich schrieb sie: „Ihr wisst und Ihr kennt die Wahrheit, dass Papst Urban VI. der rechtmäßige Papst ist, erwählt in gesetzlicher Wahl und nicht aus Furcht, in

Gottvater mit den heiligen Maria Magdalena und Katherina von Siena (Fra Bartolomeo 1509).

Wahrheit mehr durch göttliche Eingebung als durch Eure menschliche Bemühung ... Ihr selbst habt uns diese Wahrheit verkündet. Jetzt habt Ihr als niedrige und erbärmliche Ritter die Schultern gewendet ... Ihr habt Euch abgekehrt von der Wahrheit, die Euch Kraft verlieh und Euch der Lüge zugewandt. Und was ist Schuld daran? Das Gift der Eigenliebe, das die Welt vergiftet hat. Durch sie seid Ihr, die Ihr Säulen der Kirche seid, schwächer geworden als Strohhalme. Nicht duftende Blumen seid Ihr, sondern Gestank, denn die ganze Welt habt Ihr verpestet ... irdische Engel solltet Ihr sein, um die verirrten Schafe zur Kirche zurückzuführen. Und nun seid Ihr selber Teufel geworden. ... Ihr sagt, Ihr hättet Urban aus Angst zum Papst gewählt. Das ist nicht wahr! Wer das sagt, der lügt, wider sein besseres Wissen."

Das literarische Werk

Geblieben sind 381 Briefe, die durch ihren glänzenden Stil zu den bedeutendsten Werken italienischer Sprache des Mittelalters zählen. Katherina diktierte übrigens alles, weil sie kaum lesen noch schreiben konnte.

Von religiösem Wert ist ihr 1378 verfasstes „Buch über die göttliche Vorsehung": Angelegt als Dialog mit Gott, ist es mystischer Ausdruck einer „Seele, die voll innerer Glut die Ehre Gottes und das Heil des Nächsten herbeisehnt". So sehr das Leben Katherinas verwurzelt war im Gebet, in Innerlichkeit und mystischer Versenkung, so leidenschaftlich engagierte sie sich in den politischen, kirchlichen, theologischen und sozialen Brennpunkten ihrer Zeit. Die heilige Katherina starb am 29. April 1380 in Rom im Alter von 33 Jahren aus Liebe zu Gott und seiner heiligen Kirche. Ihre letzten Worte im Sterben waren: „Herr, du rufst mich ... hab Erbarmen mit mir um des Blutes willen!" Und zuletzt: „Sangue! Sangue! – Blut! Blut!" Blut war für die italienische Mystikerin ein anderes Wort für Liebe. Das Erbarmen Gottes wurde im Verströmen des Blutes Christi am Kreuz mit äußerster Deutlichkeit sichtbar. Damit wurde für Katherina die Betrachtung des kostbaren Blutes Jesu zur eigentlichen Betrachtung der Liebe Gottes.

Ihre letzte Ruhestätte fand Katherina von Siena in der Dominikanerkirche Santa Maria sopra Minerva in Rom. Nach ihrem Tod wurde sie mehrfach hoch geehrt. Papst Pius II. sprach Katherina im Jahr 1461 heilig. 1970 ernannte Papst Paul VI. Katharina offiziell zur Kirchenlehrerin. 1999 wurde sie zur Mitpatronin Europas erhoben. „Nicht das Beginnen wird belohnt, sondern einzig und allein das Durchhalten", lautete ihr Motto.

Rosa von Viterbo

Rosa wurde als Kind armer Eltern 1233 in Viterbo geboren. Bereits als Kind hatte sie erste mystische Erlebnisse, lebte in strikter Askese und legte sich selbst schwere Bußübungen auf. 1250 wurde Rosa Tertiarin im Dritten Orden des heiligen Franziskus und erlangte rasch Bekanntheit als innige Verkünderin des Evangeliums. Als es zu einem Streit zwischen Papst Innozenz IV. und Kaiser Friedrich II. kam, stellte sich Rosa entschieden auf die Seite des Papstes und wirkte auf die Einwohner Viterbos ein, es ihr gleichzutun. In der Folge musste sie mit ihrer Familie für kurze Zeit die Stadt verlassen. Sie ersuchte mehrere Male um Aufnahme in das örtliche Klarissenkloster, wurde aber abgewiesen, weil sie nicht genug finanzielle Mittel einbringen konnte. Rosa starb im Alter von 18 Jahren am 6. März 1252. Wenige Jahre später wurde ihr unverwester Leichnam in die Kirche des Klarissenklosters überführt, wo er bis heute in einem Glasschrein ruht und von zahlreichen Pilgern verehrt wird. Rosa von Viterbo wurde ins Römische Martyrologium aufgenommen, obwohl der Heiligsprechungsprozess nie abgeschlossen wurde.

Teresa von Avila: Erste anerkannte Kirchenlehrerin

Europa im 16. Jahrhundert, eine Zeit des religiösen Aufbruchs, das Zeitalter der Reformation. Die mittelalterliche Kirche, in der sich die Priester oft mehr für Macht und Geld interessierten, als für ein gottgefälliges Leben, hatte sich überlebt. Das Christentum musste erneuert werden, glaubten viele damals. Vor allem Frauen wünschten sich eine Veränderung zum Positiven. Auch Teresa von Avila, eigentlich Teresa de Cepeda y Ahumada (1515–1582), spanische Mystikerin, einflussreiche

Der Mensch erfährt Gott

„Der Mensch, der seine Grenzen erfährt, hat zwei Möglichkeiten, darauf zu reagieren. Entweder er versucht, seine Kräfte und seinen Einsatz zu steigern, um es doch noch zu schaffen. Die Misserfolge und Katastrophen, die sich immer wieder ereignen, wären dann nichts anderes als Pannen, die man überwinden kann. Ein solcher Mensch kann es sich eigentlich nicht leisten, zu rasten und stillzustehen; er muss immer neue Höchstleistungen vollbringen und ist zugleich der bohrenden Frage ausgesetzt, ob seine Sicht der Welt, die er doch noch einmal zu einem Paradies umgestalten will, nicht vielleicht doch falsch ist. Oder aber, und das wäre die zweite Möglichkeit, er sagt ja zu seiner Begrenztheit und erwartet Hilfe und Beistand, die letzte Sinngebung für sein Leben von woandersher. Falls es einen übermenschlichen Bereich gibt, und falls der Mensch zu einem übermenschlichen Wesen Du sagen kann, vermag er Antworten auf die letzten Fragen seines Lebens zu erhalten. Er kann sich gelassener geben bei der Bewältigung seiner persönlichen und der großen Probleme der Welt. Aus dieser Gelassenheit heraus, aus dem Bewusstsein, dass es nicht nur auf ihn allein ankommt, kann er letztlich mehr erreichen und mehr zur Verbesserung der Welt beitragen als jemand, der den Glauben an dieses übermenschliche persönliche Wesen nicht besitzt."

Teresa von Avila (Gemälde von Peter Paul Rubens).

Autorin und Begründerin des religiösen Ordens der Unbeschuhten Karmeliter. Einer ihrer Lieblingssätze lautete: „Bete nicht um leichtere Last, sondern bete um einen stärkeren Rücken."

Teresa wurde am 28. März 1515 in Avila, Spanien, geboren und wuchs mit elf Geschwistern wohl behütet in einer adligen Familie auf. Ihr Vater, ein Jude, war mit seiner Familie zum Christentum konvertiert. Teresa war sehr wissbegierig, temperamentvoll und fröhlich; schnell lernte sie das Lesen und Schreiben. Der Überlieferung nach wollte sie schon mit sieben Jahren zusammen mit ihrem älteren Bruder den Märtyrertod im Kampf gegen die Mauren sterben, im Alter von zwölf widmete sie nach dem Tod ihrer Mutter ihr Herz der Gottesmutter Maria. 1530 kam Teresa zur weiteren Erziehung ins Kloster der Augustinerinnen, aus gesundheitlichen Gründen kehrte sie zwei Jahre später zurück.

Leben mit den Karmelitinnen

1535 entschloss Teresa sich – nach eigener Aussage aus Angst vor der Ehe und der damit verbundenen Diskriminierung der Frau und aus Angst vor der Hölle – zum Eintritt in den Orden der Karmelitinnen in Avila. Der Abschied von der Welt war ihr, so sagte sie später, „als trennte sich jeder einzelne Knochen extra". Ein Jahr später brach sie zusammen, lag einige Tage im Koma und fiel in eine Art Starre, so dass man sie bereits für tot hielt. Sie blieb noch lange gelähmt und konnte auch drei Jahre später noch nicht selbst gehen. Teresa hatte danach ihre erste mystische Vision.

1539 kam es vor einem Bild mit dem leidenden Christus zu einer „Bekehrung“ und weiterer Vertiefung ihrer Innerlichkeit; in ihrem Kloster und von der Ordensleitung wurde sie aber oft nicht ernst genommen, ja sogar bekämpft. Der Tod ihres Vaters 1543 und eine weitere Begegnung mit Christus führten sie 1554 zur – wie sie es nannte – „endgültigen Bekehrung“: der existenziellen Erfahrung, von Gott geliebt zu werden. 1556 feierte sie ihre geistige Verlobung mit Christus, 1557 wurde der Jesuit Balthasar Alvarez ihr Seelenführer.

Reform des Karmeliterordens

Unter größten Schwierigkeiten und Anfeindungen ihrer Ordensschwestern setzte sie die Reform des Karmeliterordens durch – in Erinnerung an die Einsiedler auf dem Berg Karmel, Aufenthaltsort des großen alttestamentlichen Propheten Elia und seiner Jünger, und in Anlehnung an die Reformen bei den Franziskanern. Nach Widerständen im eigenen Orden und einer Zeit in Toledo, wo Teresa ihre Autobiografie zu schreiben begann, erfolgte 1562 mit Genehmigung des Papstes und des Ortsbischofs die Gründung eines Reformklosters: der Orden der Unbeschuhten Karmelitinnen mit strengster Klosterzucht war geboren. Zum Zeichen äußerster Enthaltsamkeit trugen die Ordensmitglieder keine Schuhe.

Teresa konnte sich gegen Widerstände ihrer Mitschwestern, der Ordensleitung und auch weltlicher Behörden behaupten. Ab 1567 konnte sie vier weitere Klöster nach den neuen Regeln eröffnen, dann lernte sie 1568 Johannes vom Kreuz (1542–1591) kennen und gründete zusammen mit ihm weitere Reformklöster für Frauen und für Männer; insgesamt 15 Frauenklöster gehen auf ihr Wirken zurück und 16 Männerklöster, dazu eine Missionsstation. Da diese Reformklöster immer noch dem Karmeliterorden unterstellt waren, gab es immer wieder Schwierigkeiten; erst 1581 wurde durch päpstliche Anordnung die Trennung der beiden Zweige und die Eigenständigkeit der Unbeschuhten Karmeliter als eigener Ordensprovinz anerkannt – nach Teresas Tod, 1593, wurde ein selbstständiger Orden daraus.

Mystische Kirchenlehrerin

In ihrem ersten Werk, der Autobiografie „Buch meines Lebens“ von 1565, beschrieb sie ihren Weg bis zur endgültigen Bekehrung 1554, ihre mystischen Erfahrungen, Verzückungen, Visionen und schließlich die erste Klostergründung. 1566/67 verfasste Teresa ihre Schrift „Der Weg zur Vollkommenheit“ als Handbuch für das Leben in ihren Klöstern, das von Liebe, von innerer Freiheit und Demut sowie vom

Gebet des älter werdenden Menschen

„O Herr, bewahre mich vor der Einbildung,
bei jeder Gelegenheit und zu jedem Thema
etwas sagen zu müssen.

Erlöse mich von der großen Leidenschaft,
die Angelegenheiten anderer ordnen zu wollen.

Lehre mich, nachdenklich
(aber nicht grüblerisch),
hilfreich
(aber nicht diktatorisch)
zu sein.

Bewahre mich vor der Aufzählung endloser
Einzelheiten und verleihe mir Schwingen,
zur Pointe zu gelangen.

Lehre mich schweigen über meine Krankheiten
und Beschwerden. Sie nehmen zu,
und die Lust, sie zu beschreiben, wächst von Jahr zu Jahr.

Ich wage nicht, die Gabe zu erflehen,
mir die Krankheitsschilderungen anderer mit Freude anzuhören,
aber lehre mich, sie geduldig zu ertragen.

Lehre mich die wunderbare Weisheit, dass ich mich irren kann.
Erhalte mich so liebenswert wie möglich.

Lehre mich,
an anderen Menschen unerwartete Talente zu entdecken,
und verleihe mir o Herr, die schöne Gabe, sie auch zu erwähnen.

Schriftstellerin und Frauenrechtlerin: Christine de Pizan (aus mittelalterlichem Manuskript).

Gebet geprägt sein soll; eine erste Buchfassung musste sie erneuern, weil sie darin die Inquisition und die Unterdrückung der Frau in Kirche und Gesellschaft kritisiert hatte. 1577 schrieb Teresa „Die Seelenburg“, eine Anleitung zum geistlichen Weg – ein Klassiker der Weltliteratur. Eine große Zahl weiterer Werke, dazu von schätzungsweise 16.000 geschriebenen Briefen mehr als 400 erhaltene, begründen das ihr zugemessene Prädikat „Doctrix mystica“. Auf einer Visitationsreise starb sie im von ihr gegründeten Kloster in Alba de Tormes, froh, nicht als Häretikerin aus der Kirche ausgeschlossen worden zu sein. Gott war für Teresa nicht eine ferne, hohe Macht, sondern der Mensch Jesus, zu dem sie eine innige Freundschaft pflegen konnte. Beten war nicht einfach nur Gebet mit Worten, sondern als „inneres Gebet“, als „Verweilen bei einem Freund, der uns liebt“, zu verstehen.

Teresas Körper wurde in der Erde bestattet, war aber bei der Erhebung der Gebeine nach zwei Jahren noch völlig unverwest. Jetzt ruhen sie in einem kostbaren Schrein in der Klosterkirche von Alba de Tormes, das bis heute einer der meistbesuchten Wallfahrtsorte in Spanien ist. Spätestens seit der Ernennung Teresas zur ersten Kirchenlehrerin im Jahr 1970 ist ihre besondere Bedeutung auf dem Gebiet der Theologie, des geistlichen Lebens und speziell der Mystik offenkundig.

Christine de Pizan: Die frühe Utopistin

„Die Männer beanspruchen in jeder Hinsicht alle Rechte für sich, sie wollen eben beide Enden des Riemens für sich haben ...“ Diese Worte stammen von der Schriftstellerin Christine de Pizan (1365–1430), die im Spätmittelalter ihre Stimme für die Rechte der Frauen erhob. Sie, die die letzten Jahre ihres Lebens in einer Klause verbrachte, soll die Liste der frommen Frauen im Spätmittelalter vervollständigen.

Die venezianisch-französische Schriftstellerin und Philosophin gilt als erfolgreichste Schriftstellerin des Mittelalters. Sie war die erste Frau, die von ihren Büchern sich und ihre Familie ernähren konnte. In ihrem „Buch von der Stadt der Frauen“, das in seiner historischen Bedeutung Simone de Beauvoirs „Das andere Geschlecht“ gleichkommt, entwarf sie die Utopie von einer Welt, in der Frauen Männern gleichgestellt sind. Als Gegenentwurf zur patriarchalen Gesellschaft entwickelte Pizan ein weibliches Universum, das sie mit Göttinnen, Philosophinnen,

Kriegerinnen und anderen Frauengestalten bevölkerte. „Diejenigen, die Frauen aus Missgunst verleumdet haben, sind Kleingeister, die zahlreichen ihnen an Klugheit und Vornehmheit überlegenen Frauen begegnet sind. Sie reagierten darauf mit Schmerz und Unwillen, und so hat ihre große Missgunst sie dazu bewogen, allen Frauen Übles nachzusagen ... Da es aber kaum ein bedeutendes Werk eines angesehenen Verfassers gibt, das nicht Nachahmer fände, so gibt es gar manche, die sich aufs Abschreiben verlegen. Sie meinen, das könne gar nicht schiefgehen, da andere bereits in ihren Büchern das gesagt haben, was sie selbst sagen wollen – wie etwa die Frauenverunglimpfung; von dieser Sorte kenne ich eine ganze Menge."

Christine de Pizan wurde 1365 in Venedig geboren. Vater Tomaso di Pizzano, Astronom und Mediziner, der 1368 als Hofastronom nach Paris gerufen wurde, vermittelte seiner ältesten Tochter eine für ein Mädchen ungewöhnlich breite Bildung. Im Alter von 15 Jahren wurde sie an Etienne du Castel verheiratet, einen königlichen Sekretär und Kollegen des Vaters. Als zuerst Vater Tomaso und drei Jahre später auch ihr Ehemann Etienne an der Pest sterben, geriet Christine in große finanzielle Nöte. Aber sie weigerte sich, den für eine Frau vorgesehenen Weg zu gehen: Weder heiratete sie erneut noch ging sie in ein Kloster. Stattdessen prozessierte die 25-Jährige gegen die Schuldner ihres verstorbenen Ehemannes und beschloss, als neues Familienoberhaupt für ihre drei Kinder, ihre Mutter und die zwei jüngeren Brüder zu sorgen. Zunächst verdiente sie ihren Lebensunterhalt, indem sie Manuskripte per Hand vervielfältigte. Schließlich begann sie selbst zu schreiben. So verfasste sie das Kindererziehungsbuch „Buch der Klugheit", eine Biografie Karls V., und feierte mit ihren Balladen bei einem Dichterwettbewerb Erfolge. Es folgten das „Buch des Staatswesens" und das „Buch des Friedens".

Attacke auf den „Rosenroman"

Als Feministin berühmt wurde Christine mit ihrer Attacke auf den „Rosenroman" von Jean de Meung. Die Frau sei dazu geschaffen, den Männern zu dienen „wie die Kühe den Stieren", behauptete der Gelehrte an der Sorbonne. Christine wandte sich entschieden gegen die behauptete moralische und geistige Unterlegenheit der Frau und entgegnete: „Wenn jemand sagt, dass wir Büchern Glauben schenken sollen, die von berühmten Männern geschrieben wurden, welche noch niemals die Unwahrheit gesagt hätten, und die gleichwohl immer nur die Schwächen der Frauen herausstellen, so sage ich darauf, dass solche Autoren niemals etwas anderes im Sinn hatten, als die Frauen zu verleumden und zu betrügen ... Es verhält sich doch so, dass die Männer über die Frauen und keineswegs die Frauen über die Männer Herrschaft ausüben." Die Folge war der erste „Literaturstreit" der europäischen Kulturgeschichte. Die Debatte ging als „Querelles des Femmes" in die Annalen ein. Ihre Kontrahenten attackierten die Frauenrechtlerin, indem sie die Unverheiratete als „Lebedame" von zweifelhaftem Ruf diffamierten.

Von da an widmete sich Christine verstärkt der Frauenfrage. Sie bezog Stellung gegen die vorherrschende Lehre von der geistigen, körperlichen und moralischen Minderwertigkeit der Frau. „Wenn es üblich wäre, die kleinen Mädchen eine Schule besuchen und genau wie die Söhne die Wissenschaften erlernen zu lassen, dann würden sie die letzten Feinheiten aller Künste und Wissenschaften ebenso mühelos begreifen wie jene." 1405 verfasste sie ihre Utopie von der „Stadt der Frauen". Ihre letzten Lebensjahre verbrachte die Visionärin, die 15 Bücher und mehrere hundert Gedichte, Essays und andere Schriften hinterlässt, in einem Kloster bei Paris.

Frischer Gegenwind durch die Reformation

Am Ende des Mittelalters galt die römische Kirche vielen Zeitgenossen als reformbedürftig. Die Kritik der Laien an der klösterlichen Welt und immer weniger überzeugenden Vorbild christlicher Lebensführung im Sinne eines Lebens in Armut, Demut, Keuschheit und Gehorsam fand ihren Ausdruck in einer Frömmigkeit, die auf der einen Seite geradezu abzählbar war – in der Summe der gestifteten Fenster, Altarausstattungen, Pfründen usw. – , auf der anderen Seite aber die Teilhabe an Glaubensfragen erheblich vergrößerte. Kritik an der Kirche hatte es schon lange vor dem 16. Jahrhundert gegeben. Frauen waren daran maßgeblich beteiligt gewesen. Die römisch-katholische Kirche antwortete darauf mit einem Instrument zur Reinerhaltung des Glaubens, die Inquisition, denen Tausende von religiösen „Abweichlern" und „Abweichlerinnen" zum Opfer fielen, auch fromme Frauen, etwa die Beginen. Man denke nur an Marguerite de Porete (siehe Seite 99).

Erst die protestantische Reform führte entscheidend zur Neugestaltung der Kirchenordnung. Zum Auslöser der Reformation wurde Luthers (1483–1556) Protest gegen den Ablasshandel, den er 1517 in 95 Thesen verbreitete. Dem Reformator kam die Entwicklung der „modernen" Medien zugute: Durch den um 1450 erfundenen Buchdruck mit beweglichen Lettern fanden seine Thesen schnell Verbreitung. In späteren Schriften (wie z. B. „Von der Freiheit eines Christenmenschen" oder „An den christlichen Adel deutscher Nation" von 1520) weitete Luther seine Kritik zu einem generellen Angriff auf Dogmen der katholischen Kirche (wie den Unfehlbarkeitsanspruch des Papstes oder die Sakramentenlehre) aus. Im Zentrum von Luthers reformatorischen Überzeugungen steht die Rechtfertigungslehre. Ihr zufolge kann der Mensch nicht durch seine guten Werke, sondern einzig durch den Glauben erlöst werden. In der Reformationszeit wurde die Lebensform Kloster insgesamt in Frage gestellt. Immer mehr Gemeinschaften lösten sich auf – die Blütezeit der deutschen Mystik fand ein abruptes Ende. Das Christentum musste erneuert werden, so glaubten viele in diesen Jahrzehnten. Vor allem viele Frauen. Für ihre Hingabe und Radikalität in besonderem Maße gewürdigt werden heute vor allem zwei Frauen aus dieser Zeit, Teresa von Avila und Katharina von Bora. Teresa von Avila, die letzte große Mystikerin des Mittelalters, kämpfte allerdings an ganz anderer Front. Sie reformierte den Karmeliterorden in Spanien, indem sie ihn durch strengere Regeln wieder näher an seine Ursprünge zurückführen wollte. Ganz anders Katharina: Sie, die Nonne, verließ das Kloster, um Martin Luther zu heiraten und sein Leben zu managen.

Katharina von Bora – die Lutherin

So außergewöhnlich wie der Reformator war auch die Frau an seiner Seite. Katharina von Bora (1499–1552), Tochter aus verarmtem Landadel, kam durch den frühen Tod der Mutter im Alter von sechs Jahren in eine Klosterschule, dann 1508 ins Zisterzienserinnenkloster Marienthron bei Grimma. Dort legte sie 1515 ihr Gelübde ab: „Augenblicklich gab mir der Herr eine so große Freude über die Wahl des Ordensstandes, dass sie mich bis heute nicht verließ. Auch wandelte sich die Trockenheit meiner Seele in innigste Zärtlichkeit. Alles am Ordensleben machte mich glücklich, und es war tatsächlich so, dass, wenn ich gerade zu fegen hatte zu jenen Stunden, die ich sonst auf Kosmetik und Kleidung zu verwenden pflegte, mir der Gedanke, davon nun frei zu sein, eine ganz neue Freude bereitete, über die ich mich wunderte, weil ich nicht begreifen konnte, woher sie kam."

Im Kloster las Katharina gemeinsam mit ihren Ordensschwestern die ersten Schriften Martin Luthers, worauf bei ihr und anderen Nonnen der Gedanke zur Flucht reifte. In einem Versorgungswagen mit leeren Heringsfässern gelang diese am Karsamstag 1523. Katharina konnte nicht nach Hause, weil dort auf die Rebellion und das Brechen des Gelübdes die Todesstrafe stand; sie zog mit neun ihrer Ordensschwestern nach Wittenberg, wo Luther sie alle aufnahm und in den Häusern seiner Freunde versorgte.

Martin Luther machte sich daran, die Nonnen „unter die Haube" zu bringen, eine Sache, die recht erfolgreich verlief. Einzig und allein Katharina blieb übrig. Sie war zwar mit einem Theologiestudenten aus begütertem Nürnberger Patriziergeschlecht verlobt worden, doch als dessen Vater von der anstehenden Heirat mit einer entlaufenen Nonne erfuhr, rief er seinen Sohn nach Hause zurück. Als Luther darüber klagte, erwiderte Katharina ihm, dass sie – wenn überhaupt – sich nur vorstellen könne, seine Frau zu werden. Luther nahm den Vorschlag an und die beiden heirateten am 13. Juni 1525, in dem Jahr, in dem der Bauernkrieg tobte. Luthers engster Vertrauter Melanchthon war entsetzt: Katharina war ihm zu stolz und zu eigensinnig. Die katholischen Gegner Luthers verfassten zotige Flugblätter über den Mönch und die „entlaufene" Nonne. Erasmus von Rotterdam dagegen lobte: „Luther fängt jetzt an, milder zu werden, und wütet nicht mehr so mit der Schreibfeder; nichts ist so wild, dass es nicht beim Weibchen zahm würde."

Katharina von Bora, 1530 gemalt von Lucas Cranach dem Älteren.

Katharina übernahm das Regiment über Haus und Hof, Ställe und Zimmer, Bankkonten und Schuldentilgung. Scherzhaft nannte Luther seine Frau ob ihrer Begabung zur Verwalterin „Herr Käthe". Ohne Katharina von Bora wäre der Reformator wohl im Chaos des Alltags versunken und die lutherische Reformation nicht vorangekommen. Für manche Zeitgenossen war Katharina die „Xanthippe der Reformation", für andere die Lichtgestalt im Hause Luthers, Vorbild für Generationen von evangelischen Pfarrfrauen. Die Luthers bekamen sechs eigene Kinder, dazu kamen elf, die sie aus der verarmten oder verwitweten Verwandtschaft aufnahmen, außerdem Knechte und Mägde und Gäste . Bald war jedes Zimmer im Kloster bewohnt, viele Menschen mussten versorgt und verköstigt werden, durchschnittlich 40 Personen saßen täglich am Tisch in Luthers Haus. Katharina organisierte alles und trieb auch das Geld ein, dabei war sie unerbittlich und oft mehr als besorgt über die großzügige Freigebigkeit ihres Mannes, der nur zu leicht über die große Güte und Freigebigkeit des Himmels zu reden pflegte. Katharina floh nach dem Tod ihres Mannes vor dem Schmalkadischen Krieg 1546 nach Dessau und Magdeburg. Sie starb am 20. Dezember 1552 in Torgau auf der Flucht vor der in Wittenberg grassierenden Pest. Heute ist Katharina für viele ein Vorbild. Sie zeigt, dass es nämlich auch in einer Welt, in der die Männer die Macht für sich beanspruchen, möglich ist, etwas zu verändern – auch, oder vielleicht sogar gerade als Frau.

Hinter Klostermauern

Trotz Reformation und Säkularisierung blühte die Mystik hinter Klostermauern weiter. Allerdings finden sich nach Teresa von Avila kaum noch Frauen, die sich mit ihren Schriften zu Wort melden. Warum, das wissen wir nicht. Vielleicht gingen sie, wie Katharina von Bora, andere Wege. Erst sehr viel später rückten Frauen wieder in den Mittelpunkt der christlichen Mystik. Berühmte männliche Vertreter der frühen Neuzeit waren der spanische Mystiker Johannes vom Kreuz (1542–1591), der von Teresa von Avila für Reformen des Karmeliterordens gewonnen wurde. Er lebte streng asketisch und suchte eine leidenschaftliche Spiritualität. Seine ekstatischen Visionen schlugen sich in einer geistlichen Poesie nieder. Berühmtester katholischer Mystiker des 16. Jahrhunderts war Ignatius von Loyola (1491–1556), der Gründer des Jesuitenordens. Ignatius wurde als zwölftes Kind einer baskischen Adelsfamilie im Schloss seiner Familie geboren. In seiner Jugend war er Bediensteter am Hof von Ferdinand V. von Kastilien. Er war ein Lebemann, wurde Offizier, denn sein Lebenstraum war eine Karriere beim Militär. Dann zwang ihn eine steinerne Kanonenkugel, die ihn 1521 bei der Verteidigung der Feste Pamplona gegen die Franzosen verletzte, für lange Zeit aufs Krankenbett. Während seiner Genesung las er religiöse Schriften und Heiligenlegenden, was neben mystischen Erlebnissen zu seinem Entschluss führte, sich einem geistlichen Leben zu verschreiben. Nach der Genesung ging er 1522 für rund ein Jahr ins Kloster auf dem Montserrat bei Monistrol, um dort in strenger Askese Klarheit über sich und sein weiteres Leben zu gewinnen.

Ignatius von Loyola war Gründer des Jesuitenordens (Gesellschaft Jesu).

Dort widerfuhr ihm eine gnadenhafte Erleuchtung; er weihte seine Waffen der Jungfrau Maria, der er künftig als geistlicher Ritter dienen wollte. In jener Zeit entstand der Entwurf zum Exerzitienbüchlein „Geistliche Übungen".

Unterwegs nach Rom hatte Ignatius 1537 eine Vision: Gott selbst bat Jesus, Ignatius als Knecht anzunehmen, dieser stimmte zu und in Ignatius flammte eine starke Zuneigung zum Namen Jesu; seine neue Gemeinschaft nennt er fortan „Gesellschaft Jesu", „Jesuiten". 1540 wurde der neue Orden von Papst Paul III. bestätigt, 1541 Ignatius zum Generaloberst des Ordens gewählt. Während dieser Zeit verfasste Loyola die „Großen Ordensregeln", die aber erst nach seinem Tod fertig gestellt wurden.

Anna Katharina Emmerick – „Mystikerin des Münsterlands"

Im Jahr 2004 wurde Anna Katharina Emmerick (1774–1824) von Papst Johannes Paul II. selig gesprochen. Der Papst würdigte sie: Ihr Beispiel habe die Herzen armer und reicher, einfacher und gebildeter Menschen „für die liebende Ganzhingabe an Jesus Christus erschlossen". Anna Katharina wurde 1774 in der Coesfelder Bauerschaft Flamschen als das Kind armer Bauern geboren. Schon als Kind hatte sie einen engen Bezug zur Kirche und eine lebhafte Vorstellung von Geschichten der Bibel. Die Schule besuchte sie nur vier Monate. Mit 13 Jahren verdingte sie sich als Magd. Doch schon in jüngeren Jahren musste sie tatkräftig mit auf dem Hof helfen: „Sommers und Winters setzte der Vater mich vor Tagesanbruch, dem Bett hinaus mit bloßen Füßen an die Erde, da rieb ich mir die Augen und musste hinaus in den Kamp das Pferd zu suchen, es war dies ein böser Gaul, er schlug und biss ... Wenngleich klein und zart gebaut, brauchte man mich bald zu Haus, bald bei den Emmricks in schwerster Feldarbeit, und es musste sich immer treffen, dass ich zu den schwersten Arbeiten kam, ich weiß wohl, dass ich in einer Arbeit zwanzig Fuder Getreide auf den Wagen aufgenommen ohne Rast und schneller, als der stärkste Knecht. Auch beim Schneiden und Binden musste ich stark dran."

Anna Katharina Emmerick – idealisierende künstlerische Darstellung aus dem 21. Jahrhundert.

Nachdem sie zunächst eine Lehre als Näherin absolviert hatte und in der Umgebung von Coesfeld arbeitete, wurde sie als Novizin am 13. November 1802, auf eigenen Wunsch, im Augustinerinnenkloster in Dülmen eingekleidet und legte am 13. November 1803 ihre feierlichen Gelübde ab. Während ihrer Zeit im Kloster wurde sie häufig krank und litt unter großen Schmerzen. Als das Kloster im Zuge der Säkularisation im Dezember 1811 aufgehoben wurde, führte sie den Haushalt des aus Frankreich geflüchteten Priesters Abbé Lambert. Bald wurde sie jedoch so krank, dass sie das Haus nicht mehr verlassen konnte. Sie bekam die Wundmale Jesu Christi und in den folgenden zwölf Jahren ihrer Stigmatisation erlitt sie jeden Freitag Jesu Passion. Während dieser Zeit sah sie in ihren Visionen Ereignisse aus der Schöpfungs- und Heilsgeschichte. Dies erregte die Aufmerksamkeit staatlicher und kirchlicher Stellen; Untersuchungen wurden eingeleitet. Viele Menschen, darunter auch bekannte Persönlichkeiten, besuchten sie an ihrem Krankenbett, um Trost und Zuspruch zu erbitten.

In dieser Zeit soll sie ein Wunder vollbracht haben. Eine an schwerer Lungen- und Kehlkopftuberkulose erkrankte Ordensfrau bat Anna Katharina um Fürsprache bei Gott. Die Ordensfrau wurde auf unerklärliche Weise geheilt. Zwischen 1819 und 1824 schrieb der Dichter Clemens Brentano (1778–1842) die Visionen der kranken und sehr schwach gewordenen Emmerick, an ihrem Krankenbett sitzend auf. Darin vermischte Brentano ihre Aussagen mit eigenen Hinzufügungen, weshalb es schwierig ist, die Exaktheit der Aufzeichnungen zu bewerten. Brentano schilderte detailliert Szenen und Geschichten (vor allem) aus dem neuen Testament und dem Leben Marias. In Folge verfasste er vier Werke, „Das bittere Leiden unsers Herrn Jesu Christi“, das „Leben der heiligen Jungfrau Maria“, das „Leben Jesu“ sowie eine unvollendete Biografie. Anna Katharina wurde auf dem neuen Friedhof vor den Toren der Stadt Dülmen beerdigt. Nach Wiederaufnahme des Seligsprechungsprozesses wurden ihre Gebeine 1975 in die Krypta der 1938 neben dem Friedhof errichteten Heilig-Kreuz-Kirche umgebettet.

Thérèse von Lisieux: Die „kleine Blume“

Schon in jungen Jahren hatte Thérèse (1873–1897) ein besonderes Verhältnis zu Maria. Mit knapp sieben Jahren ging sie erstmals zur Beichte, an Pfingsten 1883 soll sie durch Fürsprache der Maria von einer schweren Krankheit geheilt worden sein. Nach Unterrichtung durch die Benediktinerinnen von Lisieux und nach intensiver Vorbereitung, die in einer Erfahrung der Verschmelzung mit Christus ihren Höhepunkt fand, empfing sie 1884 die Erstkommunion, kurz danach die Firmung. Thérèse entschloss sich 1886, bei den Karmelitinnen in Lisieux ein kontemplatives Leben zu führen wie ihre Schwestern Pauline und Marie, doch der zuständige Bischof verweigerte wegen ihres jugendlichen Alters die Aufnahme. Erst 1888 konnte sie den Unbeschuhten Karmelitinnen beitreten. Als ihre Aufgabe erkannte sie, stellvertretend leidend da zu sein für die armen Seelen der Sünder auf dem Weg, der von der Gründerin Teresa von Avila aufgezeigt worden war. Sie nahm nach deren Vorbild den Ordensnamen Thérèse an und folgte dem „kleinen Weg“ einer innigen Hingabe an Gott. Die Ordensschwestern hielten die junge Thérèse für eingebildet und machten ihr das Leben oft schwer, die Priorin behandelte sie in den ersten Jahren mit größter Strenge. Hinzu kamen Ängste, die sie ihr Leben lang quälten, das Erleben einer „geistigen Dürre“ und schwere Krankheiten. Ihre Autobiografie „Geschichte einer Seele“ wurde zu einer der meist gelesenen religiösen Autobiografien und in über 50 Sprachen übersetzt.

Thérèse von Lisieux war katholische Nonne der Unbeschuhten Karmelitinnen.

Thérèse, schwer an Tuberkulose erkrankt, starb bereits im jungen Alter von 24 Jahren. Bereits kurz nach ihrem Tod sprach man Thérèse eine Vielzahl von Wundertaten zu, die ihre geheimnisvollen Worte „Nach meinem Tod will ich es Rosen regnen lassen“ im Nachhinein mit Bedeutung zu füllen schienen. 1907 nannte Papst Pius X. sie „die größte Heilige der Neuzeit“. Ihre Gebeine wurden 1910 im Beisein des Bischofs erhoben und umgebettet, dann 1917 erneut erhoben und 1923 in einen prächtigen Sarg gelegt, der seinen Platz in der Kapelle der Unbeschuhten Karmelitinnen in Lisieux fand. Im Jahr 2002 waren mehr als 1700 Kirchen oder Kapellen, zwei Kathedralen und fünf Basiliken ihr geweiht und mehrere hundert religiöse Kongregationen ihrem Patronat unterstellt. Lisieux ist heute nach Lourdes der zweitgrößte Wallfahrtsort in Frankreich mit jährlich fast eineinhalb Millionen Pilgern und Besuchern; mit dem Baus der Basilika in Lisieux wurde 1929 begonnen, 1954 war die Einweihung; finanziert durch Spenden aus der ganzen Welt ist sie eine der größten Kirchen, die im 20. Jahrhundert gebaut wurden.

Literaturverzeichnis

Christoph Auffarth: Die Ketzer. Katharer, Waldenser und andere religiöse Bewegungen, München 2005.
Maria Beer, Gisela Bücher, Marlis Hahne, Gudula Kähler, Irene Meurer, Irene Mosen: Frauen im Mittelalter, Wuppertal o. J.
Hartmut Boockmann: Das Mittelalter. Ein Lesebuch, München 1988.
Hartmut Boockmann: Einführung in die Geschichte des Mittelalters, München 2001.
Sabine Buttinger: Das Mittelalter, Darmstadt 2006.
Ulrich Dobhan (Hrsg.): Teresa von Avila, Freiburg 1982.
Edith Ennen: Frauen im Mittelalter, München 1985.
Amalie Fößel, Anette Hettinger: Klosterfrauen, Beginen, Ketzerinnen. Religiöse Lebensformen von Frauen im Mittelalter, Idstein 2000.
Hermann-Josef Frisch: Lexikon des Christentums, Düsseldorf 2005.
Horst Fuhrmann: Einladung ins Mittelalter, München 1997.
Gudrun Gieba: Klöster und Orden im Mittelalter, Darmstadt 2002.
Louise Gnädinger (Hrsg.): Caterina von Siena, Freiburg 1980.
Dieter Hägermann (Hrsg.): Das Mittelalter. Die Welt der Bauern, Bürger, Ritter und Mönche, 2001.
Peter Köhler (Hrsg.): 50 Heilige. Von der heiligen Anna bis zum heiligen Valentin, Hildesheim 2006.
F. Donald Logan: Geschichte der Kirche im Mittelalter, Darmstadt 2005.
Heinrich Schipperges (Hrsg.): Hildegard von Bingen, Freiburg 1980.
Ferdinand Seibt: Glanz und Elend des Mittelalters. Eine endliche Geschichte, Berlin 1999.
Ulrike Stölting: Christliche Frauenmystik im Mittelalter. Historisch-theologische Analyse, Mainz 2005.
Helga Unger: Die Beginen. Eine Geschichte von Aufbruch und Unterdrückung der Frauen, Freiburg 2005.